本研究受到国家自然科学基金重点项目“新创企业商业模式形成与成长路径”（编号：71732004）和国家自然科学基金重点项目“网络及不确定环境下创业者行为的认知与决策机制研究”（编号：71532005）联合资助

经济管理学术文库 • 管理类

新创企业商业模式设计的认知机制与绩效影响研究

The Study on Cognitive Mechanism and Performance of New Ventures' Business Model Design

迟考勋／著

经济管理出版社
ECONOMY & MANAGEMENT PUBLISHING HOUSE

图书在版编目（CIP）数据

新创企业商业模式设计的认知机制与绩效影响研究/迟考勋著. —北京：经济管理出版社，2018.8

ISBN 978-7-5096-6024-9

Ⅰ. ①新… Ⅱ. ①迟… Ⅲ. ①企业管理—商业模式—研究 Ⅳ. ①F272

中国版本图书馆 CIP 数据核字（2018）第 215026 号

组稿编辑：杨国强
责任编辑：杨国强　张瑞军
责任印制：黄章平
责任校对：董杉珊

出版发行：经济管理出版社
（北京市海淀区北蜂窝 8 号中雅大厦 A 座 11 层　100038）
网　　址：www. E-mp. com. cn
电　　话：(010) 51915602
印　　刷：三河市延风印装有限公司
经　　销：新华书店
开　　本：720mm×1000mm/16
印　　张：13.25
字　　数：210 千字
版　　次：2018 年 11 月第 1 版　2018 年 11 月第 1 次印刷
书　　号：ISBN 978-7-5096-6024-9
定　　价：68.00 元

前　言

商业模式是互联网经济时代企业的竞争焦点所在，如何设计并有效执行一个高创新性商业模式对于企业成长而言十分重要。本书以新创企业为研究对象，关注商业模式设计机制与效果，一方面结合战略认知研究观点，围绕“认知图式—环境扫描—商业模式创新性”分析主线，构建新创企业商业模式设计的认知机制研究模型；另一方面结合资源管理理论，以创新性高低来衡量商业模式特征，构建新创企业商业模式的绩效影响机制的研究模型。通过采用 142 份有效问卷来检验相关理论假设，得到了如下发现与结论：

首先，特殊性图式比一般性图式更有助于创业者设计出高创新性的商业模式。借鉴新制度理论观点，将创业者关于商业模式的认知图式区分为一般性图式与特殊性图式。一般性图式倡导对行业内主流商业模式的遵循与坚守，排斥那些会影响主流模式地位的商业模式方案，以及会导致创业者设计出低创新性的商业模式。特殊性图式则驱使创业者努力摆脱行业内主流商业模式束缚，不断开发与尝试新的商业模式方案，有助于带来高创新性的商业模式。

其次，环境扫描活动在创业者认知图式与商业模式创新性之间起到了中介效应。行业外领域扫描在特殊性认知图式与商业模式创新性之间具有显著中介效应。特殊性图式通过驱使创业者关注行业外新信息而有助于设计出高创新性商业模式。扫描努力程度、扫描持续程度在两种认知图式与商业模式创新性之间都具有显著中介效应。一般性图式会驱使创业者花费较少的时间与精力关注那些自己已十分熟悉的信息，这些熟悉信息支持行业内主流商业模式，不利于创业者设计出高创新性的商业模式。相反，特殊性图式则会驱使创业者花费较长时间努力从外部环境中获取大量新信息，以证实行业内主流模式的不足之处，支持自己设计出高创新性商业模式。

最后，资源整合方式在商业模式创新性与新创企业绩效之间发挥了调节效应。稳定型方式强调资源结构长期不变，不利于创新活动开展，本书证实，该方式会显著负向调节商业模式创新性与新创企业绩效的关系；完善型方式强调结合环境需求对当前资源结构进行改变，能够通过渐进式地创造新型资源组合形式，支持高创新性商业模式的有效执行，因而会正向调节商业模式创新性与新创企业绩效的关系。

本书理论贡献与创新点主要有三个方面：第一，围绕“前因—结果”研究路径开展商业模式设计研究，弥补了以往“过程—结果”导向研究过于强调刻画商业模式的试验过程，但没有解释该过程出现差异性原因的不足，有助于更为完整地认识商业模式设计过程。第二，分析创业者认知与新创企业商业模式设计结果关系，不仅响应了认知图式对商业模式设计结果具有很大影响这一理论判断，而且超越了围绕认知惯性展开的研究，进一步探讨创业者如何通过主动性的认知活动来操纵认知图式，从而设计出不同创新性商业模式的内在机制，这有助于揭示为何多数创业者很难发现好的商业模式创新机会、设计出高创新性商业模式的深层次原因。第三，分析不同资源整合方式在商业模式创新性与绩效关系中的调节效应，突破了从资源数量角度考察商业模式执行效果的简单分析逻辑，更为系统地揭示了企业资源对商业模式执行的作用关系。

本书主要包括六章内容。第一章是绪论，主要概述研究背景、研究问题、研究意义、研究方法和过程。第二章是文献综述，在回顾商业模式发展现状的基础上，系统述评了商业模式概念、商业模式设计与商业模式效果的相关理论研究，并对本书的理论基础进行了阐述。第三章是理论模型与研究设计，一方面界定了创业者认知图式、环境扫描、商业模式创新性、资源整合方式四个研究构念，并进一步通过分析得到了本书的理论模型。另一方面详细阐述了本书开展的流程。第四章是新创企业商业模式设计的认知机制研究。第五章是新创企业商业模式的绩效影响机制研究。第六章是研究结论与展望。归纳了本书的主要研究结论，阐释了研究的理论创新点与重要的实践启示，并指出了本书存在的研究不足以及未来研究的改进方向。

目　录

第一章　绪　论

在互联网经济时代，行业界限越来越模糊，企业边界十分开放，能否设计出合适的商业模式来协调好各种跨界交易关系，并有效应对行业外潜在竞争对手的冲击最终决定着新创企业的成长速度与上限。本章是研究的起点，结合理论与现实背景提出了本书的研究问题，进而阐述了研究这些问题所具有的理论与实践意义，在此基础上，介绍了本书的研究内容与研究方法，最后概述了研究开展的具体过程与结构安排。

第一节　研究背景

一、现实背景

20 世纪 90 年代以来，随着互联网信息技术的蓬勃发展，商业模式开始在商业竞争中扮演着越来越重要的角色，而对于新创企业来说，商业模式更是决定它们能否度过生存危机进而实现快速成长的极其关键的要素。根据清华大学公布的《全球创业观察 2011 中国报告》，中国新创企业之所以存活率较低，缺少合理的商业模式是一个重要原因（清华大学中国创业研究中心，2011）；美国知名创投研究机构 CB Insights 通过分析 101 家科技创业企业的失败案例，发现缺乏可盈利的商业模式是这些企业失败的主因之一。

高创新性商业模式多被认为更具盈利潜质，阿里巴巴、滴滴打车、小米手机等企业的成功，很大程度上得益于创业者所设计的独特商业模式。波士顿咨询公司（BCG）的创新调查发现，商业模式创新相较其他方面的创新能带给企业更大价值（BCG，2008）；通用电气（GM）2016 年全球创新风向标调查结果也显示，57%的中国企业家认为建立新的商业模式是提升企业业绩的有效方式（GE，2016）。尽管如此，但真正能够颠覆行业传统经营规则的原生的高创新性商业模式却仍然十分少见，多数创业者倾向于在复制传统商业模式的基础上，或者仅仅改变传统商业模式的部分组成内容（Osiyevskyy and Dewald，2015a），或者几乎不去改变传统商业模式，而致力于通过设置互补方案、锁定合作者关系、提升使用效率等方式保障新创企业能够从传统商业模式中获取到超额收益（Amit and Zott，2001）。这意味着，设计出高创新性商业模式绝非易事，而探讨“为何有的创业者能够设计出高创新性商业模式，而有的却不能”这一现实问题，不仅能够启发创业者发现好的商业模式创新机会，也有助于他们更透彻地理解商业模式设计过程，采用新方式设计出高创新性商业模式。

虽然高创新性商业模式往往蕴含着巨大的价值潜力，但实施过程却也面对着较高的不确定性，不太容易获得关键利益相关者认同，这使得追求高创新性商业模式而失败的新创企业数量居高不下。例如，在共享单车行业，除了摩拜与 ofo 两家第一梯队公司，几乎所有二三梯队公司的融资进程都集中在 A 轮或 A+轮（钛媒体，2017），并且自 2017 年下半年以来更是频频陷入倒闭浪潮中。实际上，高创新性商业模式仅是一种有价值的经营理念，只有充分发掘出它的价值才能助推新创企业成长，这其中的关键是有效实施该模式，核心手段是通过提供强有力的支持来提升该模式的实施效果，使其能够得到更广泛的认可，获得并长期保持竞争优势。这意味着，在设计商业模式过程中，除了设计高创新性商业模式的价值逻辑外，还需考虑应为其配备什么样的支持要素（George and Bock，2011）。因此，围绕支持要素选取，回答“为何有的新创企业成功实施了高创新性商业模式，而有的却没有”这一现实问题有助于启发新创企业更好地利用高创新性商业模式来实现快速发展。

二、理论背景

互联网与信息技术在商业实践中的广泛应用催生出大批商业模式理论研

究，早期研究聚焦于解释电子商务企业的卓越经营绩效，致力于回答“商业模式是什么”这一问题，但研究观点却并未达成一致（Timmers，1998；Amit and Zott，2001；Morris et al.，2005）。近些年来，学者们关于商业模式理论属性的认识逐步清晰化，开始较为广泛地围绕“商业模式设计前因—商业模式—商业模式设计效果”这一理论开发模型来开展理论检验与创新研究（Amit and Zott，2015；Foss and Saebi，2017）。该理论开发模型包括“商业模式概念”“商业模式设计”“商业模式效果”三个基本主题，“商业模式设计”与“商业模式效果”是当前研究的焦点所在，两者也是回答上文所提的现实问题的理论切入点。

“商业模式设计”（Business Model Design）这一说法在实践界较为常见，但也出现在一些经典商业模式理论文章中（Amit and Zott，2015），有的研究将其称为“商业模式开发”（Business Model Development）（Dmitriev et al.，2014）。下文不对两者做区分，统一称为“商业模式设计”。商业模式设计考察的是创业者如何设计出能够指导企业开展业务经营活动的商业模式的过程，当前较为流行的研究观点认为，商业模式是创业者通过试错学习手段，不断开发、检验、调整多种商业模式设想过程中逐步确立起来的（McGrath，2010；Chesbrough，2010；Andries et al.，2013），Dmitriev 等（2014）将其称为“过程—结果”导向的商业模式设计研究。客观来说，尽管这类研究的观点很有价值，但大多数却仅是在笼统地展示试错学习的过程步骤，并未深入揭示导致商业模式设计结果呈现差异性的内在原因与机制，难以进一步有效回答“为何不同创业者的商业模式设计过程不同”“为何相同的商业模式设计过程却会造就不同的设计结果”等问题。

从前因出发来分析商业模式设计问题可以弥补上述不足，其可被称为“前因—结果”导向的商业模式设计研究（见图 1-1）。早期学者们致力于发掘助推创业者设计出新商业模式的影响因素，关注科技创新（Chesbrough and Rosenbloom，2002）、制度变迁（Tankhiwale，2009）、市场变革（McGrath，2010）等企业环境因素的助推作用，近期学者们开始关注创业者经验（Osiyevskyy and Dewald，2015a）、认知（Martins et al.，2015）、能力（Achtenhagen et al.，2013）等创业者个体因素对商业模式设计的影响。尽管已有不少研究成果，但商业模式设计前因却多被孤立对待，而且它们对商业模式设计结果的影响机制也尚未得到详细分析（Amit and Zott，2015）。因此，有必要在进一步整合商业模式设计前因的基础上，揭示设计前因对设计结果的影响机制，本书将围绕该思路展开分析。

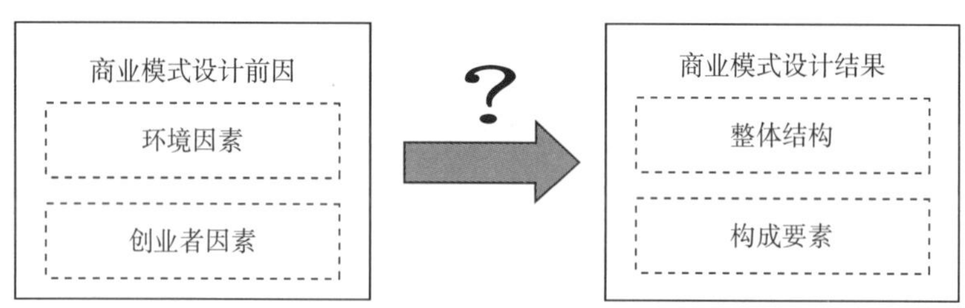

图 1-1 “前因—结果”导向的商业模式设计研究框架

商业模式效果研究重在考察商业模式的绩效表现，相关研究认为不同类型商业模式能够通过降低企业成本（Amit and Zott，2001）、优化运营过程（Brea-Solís et al.，2015）、开发新技术（Baden-Fuller and Haefliger，2013）、进入新市场（Chesbrough and Rosenbloom，2002）等途径最终提升企业绩效。尽管学者们普遍认同商业模式是影响企业绩效的重要因素，也理论阐述了一系列理由，但详细揭示商业模式绩效影响机制却并不容易。根据 Foss 和 Saebi（2017）的观点，商业模式与绩效之间关系是极其复杂的，商业模式会对企业价值定位、市场细分、价值链、盈利模式等多个方面产生影响，这些影响不仅会随时间发生变化，而且还相互交织在一起，实证考察所有这些复杂的影响关系难度非常大。

鉴于上述原因，主流研究认为，商业模式能够为企业运营提供系统性引导，其能否具有好的绩效表现，不仅取决于自身特征，更取决于在执行过程中是否得到了有效支持（Casadesus-Masanell and Ricart，2010）。结合该认识，学者们对商业模式与绩效关系的分析焦点定位到商业模式执行环节，并主要基于权变思想，探讨不同类型商业模式与不同权变要素的匹配度对企业绩效的影响机制（Zott and Amit，2008；Wei et al.，2014），高匹配度意味着商业模式执行能够得到有效支持，更可能带来好的企业绩效。虽然当前研究考察了诸多权变因素与商业模式的匹配效果，但却并不系统，本书将进一步基于权变思想，更为详细地分析商业模式的绩效影响机制问题。

在互联网与信息技术的冲击下，企业间竞争已由传统基于战略的竞争转变为基于商业模式的竞争，设计出高创新性商业模式已成为创业者最重要的工作之一，这使得理论研究“商业模式的设计机制”与“商业模式的效果机制”两项内容很有意义。对于新创企业来说，创业者是设计商业模式与选取支持要素的核心主体，因而关注创业者认知与行为是研究开展的重要切入点。结合上述分析，本书将探讨创业者开展商业模式设计活动的认知机制与创业者支持要素选取工作对高创新性商业模式绩效表现的影响机制。

第二节 研究问题与研究意义

一、研究问题

结合理论与实践背景探讨，本书紧密结合商业模式研究的理论开发框架与前沿研究问题，主要借鉴战略认知研究的解释逻辑，并融合新制度理论与资源管理理论的研究观点，用创新性高低来衡量新创企业商业模式特征，分析新创企业商业模式设计的认知机制与绩效影响机制。

（一）新创企业商业模式设计的认知机制

为何有的创业者能够设计出高创新性的商业模式，而有的创业者却不能？在商业模式设计研究中，学者们围绕“前因—结果”研究路径形成了两种不同的解释逻辑。早期研究多可被界定为定位视角研究，认为外部环境需求决定商业模式设计方向（Amit and Zott，2001；Teece，2010），而企业资源储备差异会进一步导致商业模式设计结果具有不同的创新性（Morris et al.，2005）。该观点假定创业者可以均等且完全地获取并解读外部环境信息，但这往往很难成立，而且多数研究只是简单地分析了创业者迎合外部环境需求的商业模式选择结果，不能详细揭示设计机制，在后续研究中受到了很大质疑。近些年来，学者们开始正视商业模式设计的复杂性，指出商业模式是创业者构思形成的，认知因素是造成创业者设计出创新性不同商业模式的主要原因（Battistella et al.，2012；Martins et al.，2015）。相关研究可被界定为认知视角研究，大致有两个研究流派：有的学者侧重于从理论层面阐述商业模式的认知属性，认为企业商业模式是创业者关于商业模式的认知图式的外部体现，先前经验所塑造的商业模式认知图式为创业者商业模式设计活动提供参考模板（Chesbrough and Rosenbloom，2002；Tikkanen et al.，2005）；有的学者则致力揭示创业者设计商业模式的认知活动，如 Martins 等（2015）详细分析了类别推理（Analogical Reasoning）与概念连接（Conceptual Combination）两种原生性认知活动如何造就出高创新性商业模式。两个流派所关注的认知要素分别是“创业者头脑中的认知图式”与“创业者所开展的认知活动”，两者是密切关联在一起的，创业者根据认知图式的指导来开展认知活动（Miles，2012），因而未来有必要在融合两者的基础上，更完备地探讨商业模式设计的认知机制。

从认知视角开展的研究以创业者能动性为主导，遵循有限理性决策逻辑，放松了早期定位视角研究的前提假定，更符合决策实际情况，对商业模式设计机制的解释也更为合理。然而，当前认知视角研究却过于关注创业者认知特征，忽视了外部环境在这些活动中所扮演的“关键信息素材提供者”角色，很有可能将商业模式设计过程错误等同为创业者的空想过程。这意味着，进一步发展有必要整合定位视角观点，而整合的关键在于处理好“创业者认知”与“外部环境需求”之间的关系。商业模式反映着企业战略（Casadesus-Masanell and Ricart，2010），因而借鉴战略认知研究观点可为上述两个视角整合提供丰富启迪。基于此，本书将围绕“战略决策应当与企业环境需求情况相匹配——企业环境需求情况是创业者通过环境扫描所形成的主观感知——创业者认知图式决定如何开展环境扫描活动”这一战略认知研究基本理论逻辑链条（Hambrick，1982；Daft et al.，1988；Garg et al.，2003），分析新创企业商业模式设计的认知机制。

具体来说，是否与外部环境需求相匹配是判定商业模式优劣的首要标准（Morris et al.，2005），这需要创业者通过环境扫描来了解外部环境需求状况。环境扫描是创业者关注特定外部环境信息并吸收其中知识的过程，不同创业者会开展不同的环境扫描活动，使他们对同一环境将有着不同的认识，这是导致商业模式呈现出不同创新性的重要原因（Hambrick，1982；Daft et al.，1988）。在外部环境信息量巨大及创业者认知资源有限的情况下，创业者环境扫描活动将展现出两方面特征：一方面，创业者会有选择性地扫描外部环境信息（Dahlander et al.，2014），而选择扫描哪些环境信息则由创业者认知图式所决定，那些熟悉的、典型的认知图式会被首先考虑（Jones and Casulli，2014）。另一方面，创业者会适度地将认知资源分配给环境扫描活动，而分配多少认知资源则取决于创业者所认为的环境扫描活动重要性，主要体现为相对于其他工作，创业者开展环境扫描活动的努力程度与持续程度（Li et al.，2013）。

结合上述分析，本书认为新创企业商业模式最终由创业者认知图式所决定，认知图式通过引导创业者开展认知活动以进一步影响商业模式设计结果，但这些认知活动却并非仅仅是创业者头脑中的认知图式组合活动，而且是创业者基于认知图式感知企业环境需求的活动，主要体现为环境扫描活动。基于此，本书将立足于认知视角，以创新性高低为标准来衡量新创企业商业模式设计结果，借鉴战略认知研究的理论逻辑，并综合新制度理论研究观点，分析新创企业商业模式设计的认知机制，这可具体化为如下问题：创业者认知图式与环境扫描如何影响新创企业商业模式创新性？

（二）新创企业商业模式的绩效影响机制

为何有的新创企业成功实施了高创新性商业模式，而有的企业却没有？在关于商业模式效果的研究中，学者们主要是基于权变理论，根据商业模式与权变要素的匹配度来解释差异化的绩效表现。包括两类研究：第一类研究认为不同类型商业模式均有其适用情境，与产品市场战略（Zott and Amit，2008）、组织类型（Landry et al.，2013）、技术创新战略（Wei et al.，2014）等情境要素的不匹配是导致商业模式绩效表现不佳的主要原因。第二类研究聚焦于企业资源，基于资源基础、社会资本等理论，探讨无形资产（Cucculelli and Bettinelli，2015）、合作者经验（Gerasymenko et al.，2015）等企业内外部资源是否能够支持企业有效执行商业模式，拥有相应的资源支持有助于提升商业模式绩效表现。

比较来说，第二类研究更受关注，学者们基于资源基础观，认为资源是商业模式执行的基础，商业模式之所以能为企业带来竞争优势和高绩效，最本质原因在于企业构建了稀缺、有价值、难以模仿、不可替代的资源以支持该模式的执行过程（George and Bock，2011；Mezger，2014）。对于第一类研究而言，尽管学者们主要关注企业整体层的权变要素，并未提及资源方面的内容，但商业模式与这些权变要素匹配效果的取得过程却必然涉及资源支持作用。例如，Zott 和 Amit（2007）认为，商业模式与外部环境之间较好的匹配关系有助于创业者更容易地获取关键资源并配置到商业模式执行过程中。因此，资源是影响商业模式效果的最重要权变要素，但仅关注资源本身却很难穷尽所有种类资源，导致相关研究只能零零散散地得到商业模式与不同种类资源的支持效果，无法对这些支持效果形成系统认识。另外，结合学者们近年来关于资源基础观的反思（Barney and Arikan，2001；Priem and Butler，2001），资源本身并不能完全保证商业模式成功，企业除了获取关键资源之外，还必须有效地组合编排这些资源（Sirmon et al.，2007）。

鉴于这些研究不足，有效揭示资源对商业模式的支持效果，应避免仅仅关注资源本身，有必要进一步考察创业者对资源进行组合编排的能力，这种能力能塑造企业的整体资源结构（Sirmon et al.，2007），因而围绕该能力开展研究能够更为系统地反映出资源对商业模式执行的支持作用。Sirmon 等（2007）开发的资源管理理论可为此提供丰富的启迪。基于先前研究，本书认为不同资源结构对新商业模式的支持作用不同（Brea-Solís et al.，2015），也即商业模式的价值逻辑需要与资源结构相匹配，高匹配度意味着资源结构能够很好地支持该商业模式，更有可能带来好的企业绩效，而低匹配度则意味着相反的支持效果与绩效结果。更进一步说，结合资源管理理论，资源结构形成于创业者的资源整合活动（Sirmon et al.，2007），不同的资源整合方式会造就出多样化的资源结构。也即，商业模式与资源结构的匹配度高低取决于创业者所采用的资源整合方式能否为该商业模式带来合适的资源结构，因而本书认为，创业者所采用的资源整合方式的不同是导致高创新性的商业模式呈现差异化绩效结果的重要原因。

结合上文分析，本书同样以创新性高低为标准来衡量新创企业商业模式特征，借鉴资源管理理论观点，分析新创企业商业模式的绩效影响机制，这可具体化为如下问题：创业者的资源整合方式如何影响高创新性商业模式的绩效表现?

二、研究意义

商业模式是解释企业成长的极具发展前景的新理论逻辑，本书正视商业模式的这一重要地位，聚焦于新创企业情境与商业模式设计结果的创新性高低，认为创业者认知图式与环境扫描活动决定着新创企业能否设计出高创新性商业模式，而要想发掘高创新性商业模式的价值潜力，创业者必须构建相应的支持体系来支持该模式顺利实施。结合这些认识，本书致力于揭示新创企业商业模式设计的认知机制与绩效影响机制，研究发现，在推进“商业模式设计”与“商业模式效果”两个主题理论研究的同时，也可为新创企业设计与执行商业模式提供实践启示。

（一）理论意义

第一，“前因—结果”导向的商业模式设计研究可更为有效地揭示出新创企业之所以会设计出创新性不同商业模式的本质原因。Airbnb、小米、ofo等借助高创新性商业模式迅速成长为独角兽企业的典型案例引发学者们关于“为何这些企业能设计出高创新性商业模式”问题的思考，相关研究成果有助于将商业模式设计研究推向纵深。当前流行的“过程—结果”导向商业模式设计研究更适合解答“如何设计商业模式”问题，与之相比，“前因—结果”导向研究注重发掘驱动新创企业设计出不同商业模式的内外在原因，更适合于解答上述问题。然而遗憾的是，当前商业模式设计前因研究较为混乱，而且对于设计前因作用机制更是知之甚少（吴晓波和赵子溢，2017）。本书围绕“前因—结果”研究路径，聚焦于创业者认知这一商业模式设计前因，探讨其对新创企业商业模式设计结果创新程度的影响机制，这既是对“过程—结果”导向研究的有力补充，也有益于推进“前因—结果”导向研究的发展。

第二，本书完善了认知视角商业模式设计的研究内容。结合前文分析，围绕“前因—结果”研究路径，基于认知视角分析商业模式设计问题更为合理。然而，该视角研究却尚属起步阶段，学者们主要从理论上分析了创业者在设计高创新性商业模式时所开展的独特认知活动（Martins et al.，2015），不仅未能进一步探索“什么样的创业者更会开展独特认知活动”，也存在分析过程过于微观化，忽视了外部环境影响的不足。本书立足于认知视角并考虑外部环境的影响力，结合战略认知研究观点，认为创业者认知图式最终决定着认知活动方式与商业模式设计结果，构建了以“认知图式—环境扫描—商业模式创新性”为主线的认知视角商业模式设计研究框架。围绕该研究框架，本书进一步基于新制度理论，对创业者认知图式进行了理论界定，区分出一般性图式与特殊性图式两种认知图式类型，认为不同类型认知图式会驱使创业者开展不同类型的环境扫描活动，而不同类型的环境扫描活动会造就创新性不同的商业模式设计结果，并实证分析了上述关系，这从认知前因方面给予传统认知视角研究有力补充，更为系统地揭示并验证了商业模式设计的认知机制。

第三，本书更详细地分析了企业资源影响商业模式绩效表现的内在机制。商业模式价值潜力发挥是有条件的，已有研究多从企业是否有充足的资源来支持商业模式执行方面给予解释。本书基于文献梳理工作，并结合当前学者们关于商业模式概念的主流认识（Zott and Amit，2007；George and Bock，2011），认为良好的商业模式绩效不仅取决于企业资源的多少，更取决于企业的整体资源结构是否与商业模式相匹配。根据这些认识，本书借鉴资源管理理论观点（Sirmon et al.，2007），分析了能够带来不同资源结构的三种资源整合方式对商业模式创新性与绩效关系的调节效果，这突破并深化了已有研究以简单的“资源数量决定企业成败”为主导的理论解释逻辑，有助于推进商业模式效果主题研究的发展。

（二）实践意义

一方面，有助于引导创业者更为科学地审视高创新性商业模式在企业经营中的地位。在互联网经济时代，商业模式越来越受到实践界关注，风险投资者更是乐于将其作为判定新创企业是否具有良好成长前景的重要指标。在这种背景影响下，不少创业者将独特的商业模式奉为企业成功的圭臬，热衷于设计出高创新性商业模式来博取投资者的青睐，但这种定位商业模式却并

不科学，也无法为新创企业成功带来保证，2000 年前后的互联网泡沫危机是典型事例。为此，本书承认高创新性商业模式的重要地位，但同时认为它并非孤立地影响新创企业成长，而需要与推动企业成功的其他要素保持一致，获得这些要素的支持，才能开发出自身所蕴含的巨大价值潜力。

另一方面，有助于启发创业者更为完备地开展商业模式设计工作。商业模式本身涉及企业所有关键的业务活动（Morris et al.，2005），因而设计商业模式必然是一项漫长且复杂的工作。尽管创业者头脑中关于商业模式的认知图式为他们设计何种商业模式奠定了主基调，但如果过于依赖认知图式而忽视外部环境信息，很有可能设计出不适合企业当前经营情境的商业模式，导致企业后续面临巨大的调整成本。因此，在对认知图式与外部环境的影响力加以同等重视的基础上，研究新创企业商业模式的设计机制有助于启发创业者结合头脑中已有的商业模式认知图式，有针对性地关注与分析外部环境信息，避免因陷入“空想主义”误区而设计出效果不佳的商业模式。另外，创业者在追求高创新性的商业模式时，还应设计相应的支持体系来保障该模式能够有效执行，设计支持体系的工作在本质上体现为创业者的资源整合工作。因此，研究资源整合方式与商业模式创新性的匹配效果，能够启发创业者在高创新性商业模式的试验效果不佳时不要一味否定该模式，更应反思自己是否真正以助推创新活动为目标来配置企业资源。

第三节 研究内容与研究方法

一、研究内容

本书通过系统梳理国内外商业模式研究成果，正视互联网经济时代商业模式对于促进企业成长的重要作用，紧密围绕“如何设计出高创新性商业模式”这一理论界与实践界共同关注的热点问题，选择新创企业为研究对象，构建新创企业商业模式设计的认知机制与绩效影响研究的理论模型（见图 1–

2)，围绕新创企业商业模式的创新性高低，分别探讨“创业者认知图式与环境扫描如何影响新创企业商业模式创新性”与“创业者的资源整合方式如何影响高创新性商业模式的绩效表现”两个具体的研究问题，既有理论创新，也可为创业者更好地设计与执行商业模式提供启示。

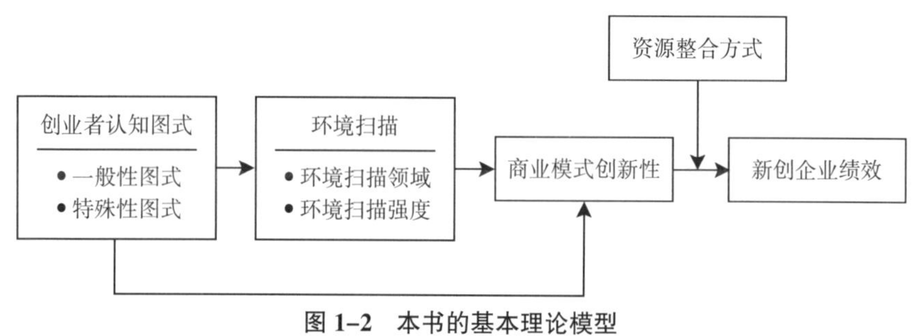

图 1–2　本书的基本理论模型

二、研究方法

本书探讨新创企业商业模式设计的认知机制与绩效影响机制，在理论分析的基础上，强调管理学、心理学、社会学等多学科的交叉融合，采用文献分析法与实证研究法，致力于通过构建理论模型与研究假设并开展实证分析，以丰富与深化“商业模式设计”与“商业模式效果”主题的研究。

文献研究法是理论研究的基础。笔者持续追踪商业模式理论研究前沿文献，同时对创业者经验、战略认知、新制度研究等领域的国内外经典研究成果加以关注，通过精读与泛读相结合的方式，对这些文献的研究内容加以整理与汇总，并在此基础上完成了两篇综述性质与两篇理论推导性质的学术论文。基于这些文献工作，笔者对该领域研究的发展脉络、研究现状、未来研究趋势有了整体性把握，并依据文献阅读成果及对于经典文献的翻译，逐渐聚焦到“商业模式设计”与“商业模式效果”两个研究主题，形成了关于这两个主题研究方向的基本理论判断。综合上述文献工作，本书构建起了新创企业商业模式设计的认知机制与绩效影响研究的理论模型，并提炼出“创业者认知图式与环境扫描如何影响新创企业商业模式创新性”与“创业者的资源整合方式如何影响高创新性商业模式的绩效表现”两个具体的研究问题，

结合商业模式研究成果，借鉴战略认知研究、新制度理论、资源管理理论的研究观点，提出有待验证的研究假设。

实证研究法被用来检验理论模型。围绕文献研究法所提炼出来的两个研究问题，本书对创业者认知图式、环境扫描、商业模式创新性、资源整合方式、新创企业绩效共五个关键概念进行了分类，界定出具体的研究变量，并参考已有研究成果，开发出关于这些变量的合适的测量工具。在此基础上，利用大规模问卷获得一手数据，进一步提炼并验证具体理论研究模型中变量间的逻辑关系，对本书所提出的研究假设进行实证检验。在数据分析过程中，主要采用信度分析、效度分析、因子分析、相关分析和回归分析技术，对本书所收集到的数据质量与研究假设加以评价。

第四节 研究过程与结构安排

一、研究过程

本书的技术路线图如图 1-3 所示，具体的研究过程共包括四个研究阶段。

第一阶段的主要工作是结合现实背景与研究文献分析提出研究问题并构建研究模型。2015 年 3 月至 2017 年 5 月，笔者通过利用互联网资源、阅读商业实践书籍与期刊等方式，了解商业模式在互联网经济时代的重要地位，并撰写了实践类文章发表于《企业管理》杂志上。与此同时，对于商业模式、创业者经验、新制度研究等领域的文献进行阅读整理，做好阅读笔记，并撰写综述性质与理论推导性质学术论文，先后发表于《苏州大学学报（哲学社会科学版)》、《外国经济与管理》、《管理学报》杂志上，逐步形成了关于商业模式研究的学术判断。在上述工作基础上，尝试提出本书的研究问题与研究模型，然后通过团队例会、与导师沟通等途径对研究问题与模型加以不断打磨。

第二阶段的主要工作是问卷开发与修订。2017 年 6~8 月，结合研究问题

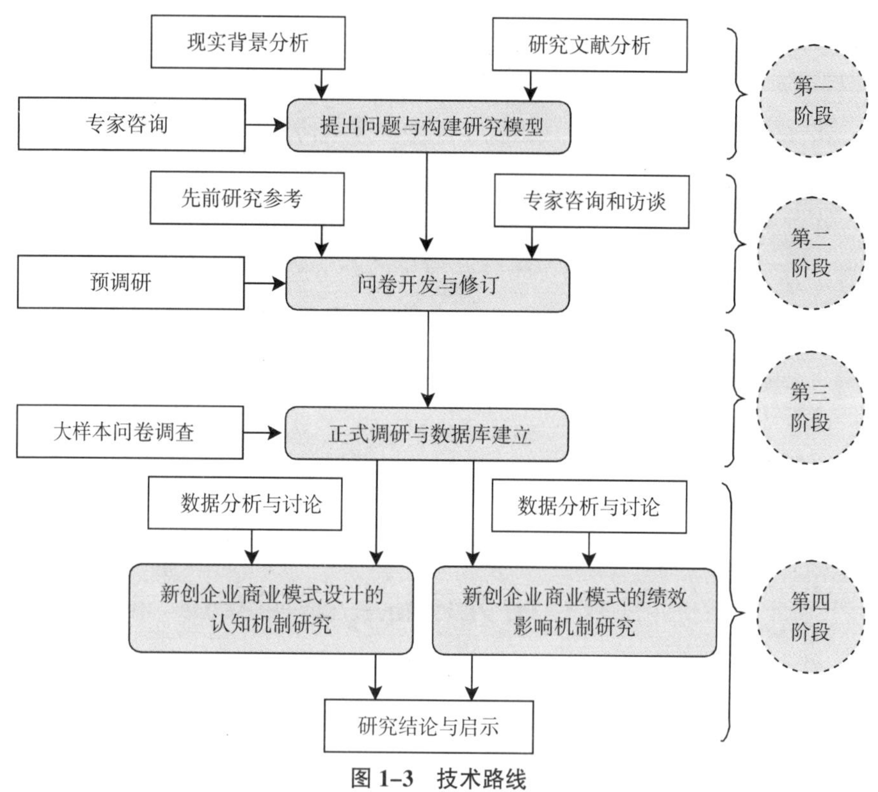

图 1-3　技术路线

与研究模型，选用合适的量表科学开发调查问卷。参考国外关于研究变量测量的成熟量表，邀请一位具有海外访学经历的博士生对这些量表进行翻译，通过比较加以修正。针对那些在国内已有使用的量表，[①] 笔者通过文献收集获得这些量表的中文版，通过比较来完善本书所翻译的量表。在此基础上，形成了问卷，并通过咨询团队老师来对量表和问卷进行修改。进一步，笔者根据便利性抽样原则，通过面访、电子问卷、委托孵化器负责人发放相结合的形式，在北京、山东开展预调研工作，共收集到 23 份预调研问卷。通过对核心研究变量进行信度分析，信度水平均在 0.7 以上，说明调查问卷适合在大样本调研中使用。

① 国内学者所使用的量表并非与英文原量表完全一致，对原量表的题项都有删减，因而本书参考这些国内研究对笔者翻译的英文原量表进行修改完善，而非直接使用国内研究中的量表。

第三阶段的主要工作是正式调研与数据库建立。2017 年 12 月至 2018 年 2 月初，本书一方面委托专业调研公司在天津收集数据，另一方面笔者在山东省与北京市进行了数据收集。为了确保调研公司的数据质量，本书采取了如下措施：一是对调研公司督导员进行培训，并要求访问员采用纸质版问卷与上门拜访的方式进行调查。二是由于建立在信任与配合基础上的调查最能够保证调查数据具有较好的质量，因而在满足选样标准的前提下，允许调研公司优先调查与该公司具有良好合作关系的样本企业。三是在完成调查后，笔者对所有样本企业进行电话回访，以进一步确认访问员确实符合要求地完成了调查。

第四阶段的主要工作是进行数据分析来检验研究假设，解答本书的研究问题。2018 年 2~3 月，基于大规模问卷调查所收集到的数据，利用统计分析工具对数据质量加以检验，进而分析研究变量间的相关关系，并建立起回归模型，对研究假设的显著性加以检验，最后提炼和总结研究发现。在对研究模型进行实证检验的基础上，结合商业模式研究的发展脉络与研究现状，对未来理论研究进行展望，并为商业模式设计与执行实践提出相应的建议。

二、结构安排

图 1–4 是本书的逻辑结构示意图，一共包括六章内容，各章节的逻辑关系与主要研究内容如下。

第一章是绪论。在阐述本书选题的现实背景与理论背景的基础之上，结合理论分析撰出本书的研究问题，并进一步明确解答该问题所具有的理论与实践意义。最后给出了研究的开展过程与全书的结构安排。

第二章是文献综述。本章重点对国内外商业模式研究成果进行系统述评，明确本书的切入点，并对本书的理论基础进行阐述。主要包括六节内容：一是结合文献计量方法，从总体上回顾商业模式研究的发展脉络；二是商业模式概念研究述评；三是商业模式设计研究主题的述评；四是商业模式效果研究主题的述评；五是本书的理论基础；六是总结研究现状与不足，导出本书开展的切入点。

第三章是理论模型与研究设计。依据前文关于研究问题与研究内容的分

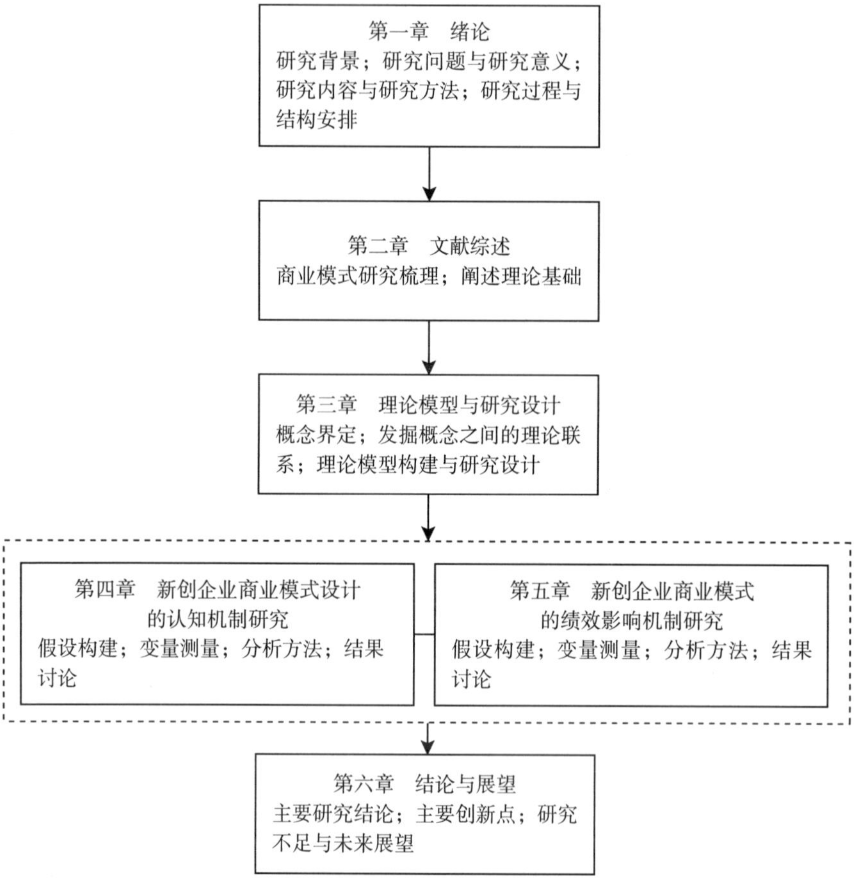

图 1-4　逻辑结构

析，首先对创业者认知图式、环境扫描、商业模式创新性、资源整合方式四个研究构念进行了详细的理论阐述。在此基础上，进一步借鉴战略认知研究、新制度理论、资源管理理论的研究观点，探讨上述构念之间的逻辑关系，并据此构建起研究开展的理论模型。最后，从整体研究流程设计、问卷设计、数据收集与检验等方面着手，阐明了研究设计思路。

第四章是新创企业商业模式设计的认知机制研究。以创新性高低为标准来衡量新创企业的商业模式设计结果，并将创业者认知图式界定为一般性图式与特殊性图式，将环境扫描区分为扫描领域与扫描强度两个概念及四个研究构念，在此基础上，理论推导变量间关系形成研究假设，进而通过对调查

数据的统计分析来检验这些假设是否成立。最后讨论研究发现，并总结得到相应的理论与实践启示。

第五章是新创企业商业模式的绩效影响机制研究。同样以创新性高低为标准来衡量新创企业的商业模式特征，将资源整合方式区分为稳定型、完善型、开拓型三种类型，重在考察不同的资源整合方式对商业模式创新性与新创企业绩效关系的调节效应。本章首先理论推导了变量间关系形成研究假设，进而通过对调查数据统计分析来检验这些假设是否成立。最后讨论研究发现，并总结得到相应的理论与实践启示。

第六章是研究结论与展望。归纳了本书的主要研究结论，阐释了研究的理论创新点与重要的实践启示，并指出了本书存在的研究不足以及未来研究的改进方向。

第二章　文献综述

围绕第一章提出的两个研究问题，本章将对相关研究文献进行系统梳理，为研究开展提供知识与理论基础。首先，对商业模式研究的发展历程与现状进行了梳理，从而构建起本书所嵌入的理论情境。其次，分别围绕“商业模式概念”“商业模式设计”“商业模式效果”三个主题进行理论综述，从而识别出本书的切入点。再次，阐述了本书的理论基础。最后，对现有研究进行了简要评述，提炼出有益于本书开展的理论启示。

第一节　商业模式研究的发展历程与现状

商业模式并非一个全新词汇，其出现至今已有 50 多年历史，但真正引起管理学者的广泛关注却源自 2000 年左右的互联网泡沫，当时大规模的由新模式引发的失败投资迫使实践界急需一种科学的商业模式理论，这直接催生了商业模式研究领域的形成。自 2000 年以来，商业模式研究十分活跃，研究文献增长迅速，成果显著，研究导向由实践引导逐渐转变为注重与已有理论进行对话，研究内容也逐步走向收敛。本书选择了 2000~2016 年发表于 SSCI 期刊的 282 篇商业模式理论研究论文作为样本书文献，通过数据展现与理论分析相结合的方式，详细阐述了商业模式研究的发展历程与现状，构建起本书所嵌入的理论情境，也为后续研究提供知识基础。

一、文献收集与分析

（一）文献检索与筛选

借鉴 Zott 等（2011）、龚丽敏等（2013）的做法，本书选择 Web of Science 中的 SSCI 数据库作为文献检索的主要数据库。具体文献检索标准及其理由为：

（1）管理领域商业模式概念与企业模式（Enterprise Model）、收益模式（Revenue Model）等概念既有联系又有差异，为防止概念泛化，将检索项设定为“主题”，关键词严格设定为“Business Model”。

（2）本书关注的是管理领域的研究成果，因而将文献领域限制在“management”与“business”。

（3）管理领域的相关研究兴起于 20 世纪 90 年代中后期的互联网经济，早期研究成果不多且少发表于 SSCI 期刊，因而检索的时间设置为“2000 年 1 月至 2016 年 12 月”。

（4）本书以学术性文献作为研究对象，因而将文献类型设定为“article”或“review”。

进一步地，基于检索结果，本书进行了如下的文献筛选工作。首先，由于本书所要分析的是国外商业模式理论研究的发展状况，因而需要剔除发表于实践性期刊上的文献。基于此，本书剔除了发表于 *Harvard Business Review*、*California Management Review* 等实践性刊物上的文章。其次，借鉴 Zott 等（2011）研究中所设定的筛选标准，即“商业模式概念位于研究的中心位置”“围绕企业商业模式开展研究”，通过对题目及摘要的阅读与判断，本书进一步剔除了不符合上述标准的文献。最后，剔除社论、书评等非严格意义上的学术文章，研究特刊的篇首语也被排除在研究范围之内。

通过上述工作，本书最终得到 282 篇文献作为研究的样本文献。

（二）论文的发表年份趋势

本书根据发表年份，对 282 篇样本文献的发表情况进行了统计分析。为了更好地反映商业模式概念的学术地位，本书进一步结合 CABS 发布的商学

院各专业期刊的最新排名（AJG 2015），[①] 对顶级期刊（4 星期刊）与重要期刊（3 星期刊）的发表情况按照年份进行了统计。样本文献来源期刊共计 93 种，其中有 15 种期刊并没有被 AJG 2015 所收录，涉及 22 篇论文。鉴于 AJG 2015 旨在评价高水平商业与管理领域期刊的相对质量，本书将上述未进入该评价体系的期刊界定为 3 星以下期刊。具体统计结果如图 2-1 所示。

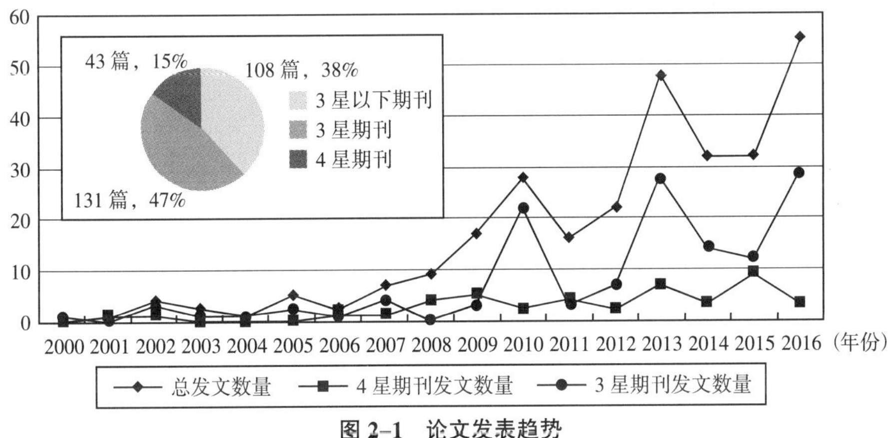

图 2-1 论文发表趋势

根据统计结果，新时期商业模式理论研究的发展脉络可以区分为三个阶段：

第一阶段是理论探索期（2005 年前后），这一阶段的论文发表数量不多，但每年发表数量较为平稳，说明该阶段商业模式理论研究尚处探索期，初步形成了较为稳定的研究群体。该阶段一些经典研究成果对于商业模式概念形

① CABS 全称为英国特许商学院协会（Chartered Association of Business Schools），是由包括剑桥大学、伦敦大学等在内的 120 所英国高校与高校商学院所组成的教育联盟，会员也包括一些团体成员与国际合作者，致力于支持会员单位保持世界级的教学与研究水平，也对商业管理教育领域的政策制定产生着重要影响。学术期刊指南（Academic Journal Guide，AJG）是 CABS 的重要研究成果之一，该指南在参考期刊引用量数据的基础上，通过同行评议、编辑与专家判断环节，对商业与管理领域的数百本期刊的所属领域进行划分，并评价这些期刊在自身所属领域的相对质量，在学术界具有很高的影响力。AJG 2015 版本一共包括 22 个领域的 1401 本期刊，对于期刊的评价包括 1、2、3、4、4 星五个分值。在本书中，4 与 4 星期刊都被视为顶级期刊，统一用 4 星期刊表示。星级划分结果详见 https：//charteredabs.org/academic-journal-guide-2015-view/。

成了两种较为成熟的认识：Amit 和 Zott（2001）的研究从整体层面对商业模式进行了理论解构，强调商业模式的价值创造逻辑，在 Web of Science 中的引用量已达到 1216 次（2018 年 3 月数据）。Chesbrough、Rosenbloom（2002）和 Morris 等（2005）的研究则从要素层面对商业模式进行了理论解构，强调商业模式构成要素的种类与组合方式，在 Web of Science 中的引用量也分别达到了 946 次与 517 次（2018 年 3 月数据）。上述研究成果对后续研究影响巨大，不仅成为学者们界定商业模式概念的基本依据（Teece，2010；George and Bock，2011），而且也进一步影响着商业模式设计研究，对商业模式概念的认识不同，导致对商业模式设计过程的理解也不相同（Andries et al.，2013；Amit and Zott，2015）。

第二阶段是稳定成长期（2010 年前后），这一时期的论文发表数量呈现出快速增加的趋势，说明在经历第一阶段的理论探索与概念归纳整合的基础上，在该阶段已有越来越多的学者开始关注商业模式研究，研究群体初具规模，学者们不仅继续拓展与深化商业模式概念，而且在研究方法上也取得了重要突破，开始借助二手数据编码、访谈和案例等手段开展理论驱动的实证研究（Zott and Amit，2007；Casadesus-Masanell and Llanes，2011）。另外，该阶段每年都有一定数量的文章发表在顶级期刊或重要期刊中，说明商业模式概念的重要性与理论内涵已经开始得到理论界的认可，而研究方法的丰富化及测量方式的开发又使得商业模式研究更为规范，学术价值更为突出，这进一步提升了研究成果被高水平学术期刊接收的可能性。

第三阶段是快速拓展期（近 5 年），这一时期论文数量呈现出逐年增加的趋势，但更重要的特征是研究焦点已从过往的“商业模式”转变为“商业模式创新”，并且学科领域也更加多样化，除了组织、战略管理和创业领域，来自市场营销、创新等领域的刊物也相继出版有关商业模式研究的特刊（例如：*Industrial Marketing Management*，2013；*R&D Management*，2014，2016）。另外，顶级期刊与重点期刊的论文发表数量呈现出持续性的显著增长态势，在总发文数量中占据了很大的比重。这些研究状况表明，学者们关于商业模式概念的理解正逐步趋向一致，研究方法也更为规范。

总体而言，新时期商业模式研究经历了早期的理论探索与沉淀后，在近

5 年迎来了研究高峰，无论是总发文数量，还是顶级或重要期刊的发文数量的增长速度都十分显著。从论文的总体质量看，重要期刊已经成为商业模式研究成果的最主要发表出口，并且顶级期刊的发文总量也占据了一定比重。这意味着，商业模式研究正进入到理论构建的黄金时期，进一步的研究很有必要围绕已较为成熟的概念认识与理论框架，更为详细地揭示与验证关键概念之间的关系，而非聚焦于开发关于商业模式概念的新认识（Wirtz et al.，2016）。

二、商业模式研究主题的发展趋势

在上述的三个发展阶段中，新时期商业模式研究不仅发文数量与质量快速增长，研究主题上也展现出了不同特性。

在第一阶段，学者们主要围绕电子商务企业，回答“商业模式是什么”。互联网经济引发了电子商务企业的流行与高估值，研究者将电子商务视为蕴含巨大成功潜质的新型商业模式，纷纷致力于给出定义并发掘其构成要素，从而认清电子商务的赚钱逻辑，更好地指导实践（Timmers，1998；Amit and Zott，2001）。然而，诚如 Porter（2001）所言，“没有比商业模式更为模糊的概念了”，由于该阶段研究的实践驱动明显，使得不同学者往往只关注了商业模式的部分属性，研究观点远未达成一致，甚至存在着针锋相对的观点。例如，Timmers（1998）将“盈利模型”归入商业模式要素中，但 Amit 和 Zott（2001）对此却并不认同。商业模式概念的不统一反映的是学者们对商业模式理论基础认识的不清晰，尽管这些研究承认商业模式具有多元化的理论基础，但对“哪些理论是主导理论”“借鉴了理论的哪些观点”“不同理论观点之间如何互动”等问题却有着不同的理解。如 Morris 等（2005）明确将产品市场战略作为商业模式的重要理论基础，但 Amit 和 Zott（2001）对此却有不同看法，更多关注了价值链战略的理论支持作用。

概念的发散以及理论基础的缺失使得研究成果很少得到高水平期刊的认可，理论开发任务艰巨而紧迫。尽管该阶段研究未能解答“商业模式是什么”这一问题，但却不乏很有价值的见解，为后续研究做了很好的铺垫。这至少体现在如下两个方面：一是商业模式是与战略截然不同的独立概念，可以更为全面地解释电子商务企业的价值创造来源，很有必要对其加以深入剖析（Hamel，2001）；二是商业模式属于企业层次的系统分析单元，涵盖着企业所有关键的功能性要素，仅关注部分要素会造成认识偏差（Chesbrough and Rosenbloom，2002）。

在第二阶段，研究对象开始丰富化，更多理论被引入到研究中。随着信息技术应用领域的进一步拓宽以及互联网泡沫的破灭，学者们发现，商业模式概念并非电子商务企业专属，它同样在其他类型企业成功中扮演着重要角色（Arend，2013），同时实践驱动型研究不仅无法穷尽商业模式形态，也难以评判商业模式优劣，而片面化使用商业模式概念则很有可能会带来灾难性后果（Shafer et al.，2005）。为此，理论驱动型研究开始盛行，学者们不再局限于电子商务模式，而更热衷于树立起一般性商业模式的学术属性，并且意识到商业模式的复杂性使得必须借鉴多种理论对其加以解释（Amit and Zott，2001；Morris et al.，2005；George and Bock，2011），除了传统的战略与创新理论，组织、创业、营销等领域的理论也被融入进来。基于不同理论基础，形成了两大主流认识：一种是基于战略与组织理论，将商业模式具体刻画为业务活动框架（Morris et al.，2005；Chesbrough，2010）；另一种是基于创业与组织理论，将商业模式抽象表述为价值创造系统（Zott and Amit，2007；George and Bock，2011）。客观来说，尽管该阶段研究基本实现了由提出概念向解构概念方向转变，在构成要素层面有力推动了先前研究观点的整合，但不同研究对商业模式整体属性的认识却仍不全面，因而进一步探讨商业模式概念仍十分必要。

“商业模式是什么”问题的逐步清晰化也推动学者们开始追问“既然商业模式有助于企业成功，那么该如何去设计商业模式”，零零散散地出现了一系列很有意义的探索，如“商业模式的设计过程是怎样的”（Bonaccorsi et al.，2006；Fiet and Patel，2008；Mason and Leek，2008；Casadesus-Masanell and Llanes，2011）、“企业为何要创新商业模式，又是如何创新的”（Chesbrough，2010；Doz and Kosonen，2010；Sosna et al.，2010；Aspara et al.，2011）、“不同商业模式所蕴含的价值创造潜力有什么不一样”（Zott and Amit，2007；Zott and Amit，2008；Patzelt et al.，2008），这些研究开拓出了商业模式研究的新领域，为完整的商业模式理论开发奠定了基础。但不可否认的是，它们关于商业模式与其他理论构念之间逻辑关系的探讨仍具有较大探索空间，突出体现在商业模式设计与创新过程研究未能对驱动因素加以系统考虑，更缺少与价值创造结果相关联的整体研究设计，实证研究也较为匮乏。

在第三阶段，研究逐步走向整合。一系列文献梳理工作极大地统一了学者们关于商业模式的认识（Coombes and Nicholson，2013；Bocken et al.，2014；Klang et al.，2014；Demil et al.，2015；DaSilva and Trkman，2014；Wirtz et al.，2016；Foss and Saebi，2017），浮现出两大互补的研究流派，为后续研究指明了方向。一类研究以商业模式概念为核心，集中于探讨商业模式的组成维度与类型，多认为商业模式属于多维构念中的组合模型，它拥有多种属性，不同属性的多样化组合形成了不同的商业模式类型（Wirtz et al.，2016；Foss and Saebi，2017）。商业模式创新作为一个独立研究概念而得到了普遍关注，Foss 和 Saebi（2017）首次从理论开发视角对该领域研究进行了回顾，认为商业模式创新是指"企业商业模式的关键要素或这些要素间的连接结构发生设计上的（Designed）、新颖的（Novel）、非同寻常的（Non-trivial）改变"，并明确区分出了"现有模式创新"与"新型模式浮现"两种不同的研究趋向，而新商业模式又从"创新范围"与"创新性"两个维度被进一步界定（Foss and Saebi，2017），使得商业模式的研究边界更为清晰。另一类研究以商业模式设计与创新的过程为核心，致力于系统性地打造起"探寻设计或创新前因—发掘商业模式类型—评估价值创造结果"的理论开发模型（Amit and Zott，2015）。

这两大研究流派的确立意味着商业模式研究真正进入到理论开发与检验时期，在明确商业模式属性与维度的基础上，探讨不同类型商业模式的设计与创新过程，进而形成更为一般的规律性认识已成为主要的研究设计思路。另外，不同学科领域研究也纷纷出版了商业模式研究特刊来系统化探讨所在领域的商业模式问题，如战略（*Long Range Planning*，2013；*Strategic Organization*，2013；*Strategic Entrepreneurship Journal*，2015）、创新（*R&D Management*，2014，2016）、营销（*Industrial Marketing Management*，2013），它们在搭建不同学科研究之间对话桥梁方面，进行了很有意义的探索（Coombes and Nicholson, 2013; Demil et al., 2015)，为不同学科领域研究的整合奠定了基础。商业模式概念及其学科定位的逐步清晰，极大地激发了学者们从整体上思考如何建构商业模式理论的热情，形成了如图 2-2 所示的概念性研究框架。

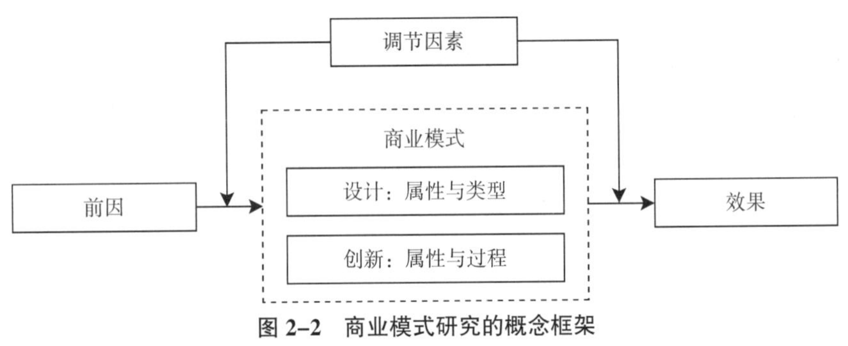

图 2-2　商业模式研究的概念框架

第二节　商业模式概念研究

基于理论解释实践现象的关键是对理论所涉及的核心概念进行构念化处理，这需要清晰地给出概念的定义与系统地发掘出概念的内部构成（Suddaby，2010）。尽管学术界尚未就“商业模式是什么”达成共识，但近年来相关研究收敛趋势明显，为商业模式理论检验研究奠定了基础。

一、商业模式定义及其理论属性

早期研究聚焦于“企业内部”层次，将商业模式等同为企业开展某一项关键业务的方式，导致其理论属性单一地体现在具体业务层面（Slywotsky，1996），研究观点均如同“盲人摸象”般地描述了商业模式的部分特征，既不可穷尽也无法在业务层面实现调和。近期研究开始聚焦于“企业总体”层次，认为商业模式是企业实现价值创造与获取的基础架构，不仅对企业内部所有业务活动加以同时关注，而且还考虑到企业与其利益相关者之间的互动

关系。从理论属性上看，这方面研究强调不同理论的整合，已形成了“业务活动框架”与“价值创造系统”两种主流观点。

“业务活动框架”观点主要融合了战略与创业理论，认为商业模式是由企业所有关键的业务活动组合形成的框架，这些活动在该框架中实现了相互匹配，可被用来开发商业机会，为企业在目标市场上创造出可持续竞争优势（Morris et al.，2005；Chesbrough，2010）。相关研究重在开发关键活动模块，Osterwalder（2004）的九要素画布模型及 Morris 等（2005）的“基础—专有—准则”三层次模型是十分典型的研究。

“价值创造系统”观点主要融合了战略、创业与组织理论，认为商业模式是一种可为参与者创造价值的独特组织结构，其特殊性不在于其包含了什么样的业务活动，而在于其所蕴含的价值逻辑（George and Bock，2011）。这里的价值是一种总体价值，而价值逻辑则意指为企业、顾客及其他利益相关者同时创造价值，只要将总体价值的蛋糕做大，商业模式的不同参与者就能获取到更大利益，核心企业也就更可能基于该商业模式获取持续竞争优势（Zott and Amit，2007）。相关研究重在刻画不同类型商业模式的价值逻辑，Amit 和 Zott（2001）的研究最具代表性，两位学者区分出“新颖”“效率”“互补”“锁定”四种商业模式价值逻辑。“价值逻辑观”是对商业模式属性的更为本质的认识，其未否定企业业务活动的重要性，可更好地展现出商业模式概念与众不同的特征。

二、商业模式的维度划分与类型

早期研究关注商业模式的不同部分，维度划分的标准并不一致，多数研究直接将构成要素等同于维度，很少加以归纳，导致研究结果的差异性非常大。Morris 等（2005）的述评研究发现，在已有文献中，共出现了 24 种不同的商业模式构成要素。更进一步地，这些不同的构成要素观点不仅造成了商业模式类型的多样化，而且基于个案描述所提炼出的构成要素又会导致商业模式类型很难穷尽（Timmers，1998）。“业务活动框架”与“价值创造系统”两类主流研究观点的形成极大地推进了商业模式维度与类型研究的发展。

“业务活动框架”虽然仍主要以构成要素作为维度，但却尝试将构成要素从“次级范畴”层次归纳到“范畴”层次，大大减少了它们的数量，并且这些要素涵盖了企业所有关键的业务活动，因而也不存在将局部认识放大为整体认识的问题（Osterwalder，2004；Morris et al.，2005）。尽管如此，通过理论分析“范畴”层次的构成要素间关系的方式却仍然难以穷尽所有商业模式类型，因而相关研究多围绕所收集到的数据，采用聚类分析方法提炼出有限的商业模式类型。例如，Morris 等（2013）通过聚类分析方法，将俄罗斯餐饮业企业的商业模式区分为七种不同的类型；Malmström 等（2015）也采用了聚类分析方法，来揭示高绩效与低绩效商业模式的构成要素特征。

“价值创造系统”则直接关注抽象维度的划分，并尝试通过理论分析来揭示商业模式类型，如 Amit 和 Zott（2001）提出了四种商业模式类型，认为这些商业模式包括“交易内容”“交易结构”“交易治理”三个构成维度。事实上，“价值创造系统”中的维度最终也是由构成要素归纳而来，如在 George 和 Bock（2011）的研究中，两位学者通过回顾先前研究总结出六个与商业模式相关的议题，进而对实践者的访谈资料进行语篇分析，从访谈资料中提炼出关于商业模式结构的次级范畴要素，并归纳得到了资源结构、交易结构、价值结构三个商业模式维度。

总体而言，“业务活动框架”与“价值创造系统”两类观点都有价值：前者有利于详细展示商业模式设计内容与过程，实践可操作性更强；后者的理论基础更为坚实，对于商业模式类型也开发出了相对成熟的测量量表，这为实证研究开展奠定了基础。本书采用实证研究设计，主要借鉴“价值创造系统”研究的理论观点。

第三节　商业模式设计研究

结合上文分析，本部分主要述评“前因—结果”导向的商业模式研究成果，该导向研究聚焦于分析创业者如何结合影响商业模式设计的内外在因素而做出相应决策的过程（Amit and Zott，2015），可被区分为定位视角与认知视角两种类型。前者遵循完全理性逻辑，强调在充分掌握外部环境需求信息的基础上做出最优决策；后者遵循有限理性逻辑，强调基于对外部环境需求信息的主观认识做出决策。

一、定位视角商业模式设计研究

定位视角研究兴起较早，是当前理论界与实践界认识与设计商业模式的主流视角。学者们认为，商业模式是一种价值创造结构，设计商业模式首先需认识商业模式的基本结构，它是由多样化的商业要素组合形成（Chesbrough and Rosenbloom，2002；Morris et al.，2005），这些要素具有创造价值的潜力，不同类型与性质的要素能够造就不同的商业模式。基于此，进行商业模式设计时需主要做好“确定要素种类”与“填充要素价值”两项工作，前者重在明确商业模式结构应包含的商业要素（如市场战略），后者则重在根据外部环境需求来选择具体的开发要素价值的方式（如差异化市场战略）。

在“确定要素种类”方面，学者们或者源自理论演绎，或者来自于案例归纳，提出了经济利润模型、战略要素模型、交易系统模型等一系列模型化观点（Morris et al.，2005）。然而，这些不同模型对于商业模式构成要素的揭示却往往并不全面，这驱使研究者尝试对它们进行归纳总结，以构造起更为系统化的构成要素模型（Morris et al.，2005；Wirtz et al.，2016），较具代表性的成果为 Morris 等（2005）开发的“F-P-R 模型”。“F-P-R 模型”是一个由“基础层”（Foundation）“专有层”（Proprietary）“规则层”（Rule）三个层次要素所组成的结构系统，不仅详细阐述了供给要素、市场要素等商业模式基础要素，更强调了“连接方式”“规章制度”等特殊要素的重要价值。目前“确定要素种类”已不再是研究主流，学者们对此基本达成了如下共识：一是基于“确定要素种类”所塑造出的是一般化商业模式（Baden-Fuller and Morgan，2010）；二是研究中可借鉴已有观点，无须开发新的一般化商业模式（DaSilva and Trkman，2014）；三是结合一般化商业模式探讨“如何设计出满足企业环境需求的特殊化商业模式”问题更具研究价值（Baden-Fuller and Morgan，2010）。

特殊化商业模式反映着不同企业对价值创造与获取方式的差异化认识，

设计出特殊化商业模式需依赖“填充要素价值”工作（Baden-Fuller and Morgan，2010；Andries et al.，2013），这是一个包括“备选方案”“设计流程”“资源支持”三项核心内容的系统工程。

首先，建立商业模式要素价值开发方式的备选方案体系是“填充要素价值”工作的基础，目前Morris等（2005）的观点在理论界最具影响力，其主要对六种商业模式基础要素的价值开发方案进行了详述，后续围绕这一观点也诞生了一批优秀的研究成果（Andries et al.，2013；Morris et al.，2013）。

其次，在备选方案中进行选择遵循着特定工作程序，而确切知道外部环境需求情况则是整个工作的开端（Chesbrough，2010；Reymen et al.，2017），其对应着商业模式的价值定位。Dmitriev等（2014）指出，价值定位是最基础的商业模式构成要素，它主要通过“技术推动”与“市场拉动”两种方式确定。根据这一认识，相关研究重在探讨创业者如何结合外部环境需求来依次确定商业模式要素，并开发出了一系列流程化的操作工具。例如，Amit和Zott（2012）认为，商业模式应依次解答“顾客需求是什么”“需开展何种活动来满足需求”“如何开展这些活动”“谁来开展这些活动”“如何为利益相关者创造价值”“如何获取收益”六个问题。

最后，商业模式本质上是一个资源集合体（George and Bock，2011），其构成要素的价值开发方式通常是以“核心企业或利益相关者的资源价值最大化”为标准进行选择。相关研究主要关注两类问题：一类是探讨核心企业如何利用具有竞争优势的资源或通过资源拼凑方式来决定技术合作方式、竞争战略等构成要素的具体形态（Halme et al.，2012）；另一类是分析核心企业如何借助说服行为、社会关系等来获取并配置利益相关者资源，进而据此决定商业模式构成要素的具体形态（Mason and Spring，2011）。

上述研究都是从要素层面出发展开分析，近年来学者们开始从整体层面关注商业模式类型，认为不同类型商业模式体现着不同的价值创造逻辑，而商业模式设计就是一个对这些逻辑加以选择的过程。如同要素层面研究以创业者能够完全获取外部环境需求信息为研究开展的基本前提，整体层面研究也假定创业者可以获取并充分理解所有影响商业模式设计的内外在要素信息，致力于探讨“设计前因—设计结果”之间的对应关系。在类型区分上，目前 Amit 和 Zott（2001）结合价值链理论、熊彼特创新理论、资源基础观、战略网络理论、交易成本理论，提出的新颖型（N）、锁定型（I）、互补型（C）、效率型（E）四种商业模式类型在理论界获得了最广泛的认同。在此基础上，Amit 和 Zott（2015）进一步分析了“创造与获取价值的目标”“在位者模板”“利益相关者活动”“环境约束”四种设计前因分别对应着何种类型的商业模式设计结果，如创造与获取价值的目标会促进创业者设计出锁定型商业模式。

总的来说，基于完全理性决策逻辑，定位视角研究主要将商业模式设计过程简化为在详尽了解外部环境需求状况基础上的最优方案选择活动，新创企业的资源与能力差异是导致商业模式不同的根本原因（Zott and Amit，2010；Halme et al.，2012）。尽管该视角开发了一系列便于操作的设计工具，它们在实践界也获得了良好应用（如商业模式画布），但完全理性假设在现实中却很难实现，这不仅是由信息不对称所致，更因为有限的认知资源使得创业者不可能收集与处理所有环境信息（Andries et al.，2013），因而最优选择仅代表一种理想状态，如何依赖有限的环境信息而设计商业模式可能更符合现实需要。另外，将商业模式设计过程简化为选择活动也无法详细揭示过程机制。

二、认知视角商业模式设计研究

认知视角研究尚处起步阶段，成果较少，但却是对定位视角研究的有力补充，其遵循有限理性逻辑，认为认知能力决定着创业者如何看待外部环境，他们并非根据完全信息做出最优决策，而是围绕那些已嵌入到自身头脑中的成熟模板进行满意决策，体现为意义建构过程（Loock and Hacklin，2015；迟考勋等，2016；杨俊等，2016）。意义建构指的是在模糊与不确定情境中，企业家对环境信号与组织事件进行扫描、解释与反应的过程（Hahn et al.，2014）。

在相关研究中，有的学者对意义建构过程进行了一般化解读。例如，Chesbrough 和 Rosenbloom（2002）研究了施乐公司商业模式形成过程，认为商业模式是推动新技术成功实现市场化的商业逻辑，由于市场与技术环境的复杂性及不确定性，创业者无法详细知道所有商业模式备选方案及这些方案的可行性，只能首先借助意义建构活动形成商业模式启发逻辑（Heuristic Logic）来指导新创企业如何向顾客传递价值，进而通过不断发现与处理新信息进行调整，最终形成商业模式主导逻辑（Dominant Logic）。Battistella 等（2012）的研究跳出了传统"市场推动创新"与"技术拉动创新"的两分法观点，基于"设计驱动创新"观点，认为商业模式实体（Form）是由商业模式意义（Meanings）转化形成，创业者在主观上为商业模式赋予原生性新意义更有可能带来颠覆性商业模式。商业模式意义来源于创业者的意义建构活动，在高度不确定环境中，新商业模式的价值信号往往很微弱，只有能够发现这些信号的创业者才会形成原生性的新商业模式意义（Davenport et al.，2006）。因此，导致商业模式设计结果创新性不同的根本原因在于创业者在感知环境信号并形成新意义的能力上存在差异。

还有的学者受到认知心理学影响，注重于对意义建构的实施机制加以详细解释。例如，Martins 等（2015）认为，即使缺少外部环境震荡影响，创业者也会主动去构思创新型商业模式，他们组合利用其他行业商业模式图式中所包含的知识来解释本行业的环境信息，从而在头脑中创造出全新的商业模式图式，并经过修正来推广应用，具体体现为类比推理（Analogical Reasoning）与概念连接（Conceptual Combination）两种原生性认知过程。前者是指使用一个源领域认知图式中的知识来解释目标领域的信息（Gentner，1983）；后者指通过将源概念经修正后组合到焦点目标概念上，以创造一种新概念（Wisniewski，1997）。两者有着相同的认知过程顺序，都包括如下四个步骤（Martins et al.，2015）：第一步，识别一种将与目标商业模式认知图式进行比较的源概念；第二步，对源概念结构与目标商业模式认知图式进行比较，以确定源概念的何种成分（属性、关系、次级图式）能够在目标商业模式所处情境中创造出价值；第三步，将来自于源概念的元素连接到目标商业模式认知图式中；第四步，对从源概念处借用的元素进行修正，以确保与目标商业模式背景相匹配。

认知图式是开展意义建构活动的基础，它决定着创业者在意义建构过程中关注什么样的环境信息及生成什么样的意义（Miles，2012）。根据 Tikkanen 等（2005）的观点，虽然商业模式外显化为客观物质结构，但本质却是嵌入到个体头脑中主观认知图式，且这种认知图式决定了客观物质要素如何被组合到一起；Amit 和 Zott（2015）也指出，创业者并非通过凭空想象来设计商业模式，他们的头脑中都有关于商业模式设计的参考模板，这种模板就是商业模式图式，它多来源于创业者的亲身经验积累，也可以通过有意识的外部学习获得；Malmström 等（2015）利用凯利方格技术进一步揭示了创业者的商业模式认知图式结构，发现创业者关于高利润与低利润商业模式的认知图式具有十分显著的区别。综合上面研究可知，所有创业者都有商业模式认知图式，但彼此之间却并不相同，而相较意义建构活动差异，商业模式认知图式不同是导致创业者生成不同商业模式设想的更为根本的原因。

总体而言，认知视角研究放松了定位视角的完全理性决策假设，更符合客观实际，已有研究也发现，在设计商业模式时，企业家确实会优先考虑采用与头脑中主导商业模式认知图式相似的商业模式（Chesbrough and Rosenbloom，2002；Andries et al.，2013）。认知视角研究取得了一定进展，但也存在如下不足：第一，Amit 和 Zott（2015）研究发现，创新性不同的商业模式的设计前因与设计过程存在较大差异。然而，当前认知视角研究却多聚焦于回答“如何设计出高创新性商业模式”，没有进一步考察导致新创企业商业模式设计结果呈现不同创新性的深层次原因。第二，有限理性决策的核心逻辑包括“认知图式”与“认知活动”两个支柱性概念，并且前者决定着后者（Schwenk，1988）。然而，当前研究却过于关注刻画以意义建构为代表的认知活动，忽视了对影响该活动的认知图式加以考察。本书将尝试弥补上述不足。

需要说明的是，虽然两个视角遵循着截然不同的决策逻辑，但认知视角却并不脱离定位视角的成熟研究观点而存在，两者是互补而非替代关系。这主要表现为：第一，商业模式应与外部环境需求相匹配的观点并没有错，创业者在认知层面构思商业模式过程中仍然需要对外部环境信息进行扫描与解读，而非仅仅基于已有商业模式认知图式进行空想（Martins et al.，2015）。也即是说，商业模式设计过程受到新创企业客观环境与创业者主观认知的共同影响，因而对定位与认知视角观点加以调和，并据此探讨商业模式设计问题极具价值。第二，认知视角同时强调商业模式的认知属性与客观物质属性，而在客观商业模式形态方面，认知视角与定位视角观点并无差别，也认为商业模式是企业围绕主营业务，构建的与利益相关者开展交易的系统化结构，包括多个客观业务活动模块（Chesbrough and Rosenbloom，2002；Battistella et al.，2012），因而认知视角研究可借鉴定位视角关于商业模式结构的成熟认识（如 NICE 模型）。

第四节　商业模式效果研究

商业模式追求的是价值创造基础上的价值获取，企业能否从中获取最大化收益，不仅取决于商业模式的总体价值创造能力，还取决于企业对总体价值进行分配的话语权大小。揭示商业模式效果机制的关键在于理解它所蕴含的独特价值逻辑。

一、商业模式的价值逻辑

商业模式概念兴起的主要原因是传统战略管理理论难以对互联网经济现象加以有效解释，其独特的价值逻辑使其区别于企业战略又补充着企业战略。传统战略管理理论认为企业有其严格的业务经营边界，在这一边界内，借助自身资源可以容易地将产品或服务以高于成本的价格出售，源源不断地实现盈利。因此，战略管理的价值逻辑本质是一种盈利逻辑，起点是“企业有什么样的资源”，过程是“市场与产品定位”，结果是“企业竞争优势与价值获取”（Barney，1991；Peteraf，1993）。

这一逻辑在近些年受到了很大的挑战：一方面，信息技术的发展打破了传统企业边界，导致精确定义竞争对手变得并不容易，基于内部资源也很难树立起持久竞争优势，潜在竞争对手完全可能在短时间内借助外部合作汇集起相应资源来颠覆这种竞争优势（Gambardella and McGahan，2010；Casadesus-Masanell and Ricart，2010；罗珉和李亮宇，2015）。另一方面，电子商务极大丰富了产品或服务的可选择空间，顾客价值得到了前所未有的重视，企业越来越积极地将顾客融入到产品开发工作当中（Teece，2010；Maglio and Spohrer，2013；Bogers et al.，2016；张敬伟和王迎军，2011；董洁林和陈娟，2015）。在上述信息技术冲击的背景下，有的新创企业往往能在缺乏关键资源和能力条件下借助跨越企业和行业边界的资源整合设计商业模式，颠覆性已成为新创企业成长的重要属性，不是逐步替代既存企业的竞争而是迅速横扫前进道路上的一切障碍。例如，基于移动互联网技术应用，苹果公司从没有生产过一张音乐 CD 却迅速成为了最大的音乐零售商；优步公司没有一辆出租车却在短短 5 年内将租车应用服务扩张到全球 51 个国家的 230 个城市；Airbnb 没有建造过一栋酒店却在短短 6 年内拥有的酒店房间数量就超越了洲际酒店和希尔顿等全球顶级酒店集团。这些实践挑战直接引发了战略管理理论研究由“企业端”向“市场端”转型，商业模式也因此作为独立分析单元而被引入到研究中，以弥补战略管理价值逻辑解释力不足的问题（Priem et al.，2013）。

商业模式强调企业是一个开放的系统，通过跨越企业或产业边界的交易活动，能够更好地满足顾客需求，为所有商业模式参与者创造出价值，企业因此而受益。因此，商业模式价值逻辑起点是“顾客需求”，过程是“借助交易来创造价值”，结果是“基于资源来分配价值”（Amit and Zott，2001；Teece，2010）。不同于战略管理研究以产品销售收入为中心来衡量价值，商业模式研究采用了 Brandenburger 和 Stuart（1996）的观点界定价值，认为价值是所有交易活动所创造出的总价值，而不管它是被哪些交易参与者所获取，也即总价值等于交易中所有参与者所获取的价值之和。关于商业模式价值逻辑，Raphael Amit 和 Christoph Zott 两位教授的一系列研究最具代表性，两位学者认为：价值创造是商业模式的核心，决定着企业价值获取的大小，价值是在交易中产生的，一项交易的各组成部分（交易内容、交易结构、交易治理）均有带来价值的潜力（Amit and Zott，2001）；在价值创造的基础上，企业价值获取能力则受到“商业模式利益相关者的转换成本”“核心企业的信息控制能力”“利益相关者采取针对核心企业的统一行动能力”“利益相关者的替代成本”四种要素的影响（Zott and Amit，2007）。

总体而言，商业模式的价值逻辑更适合解释互联网与跨界经营背景下的企业成长议题，它容许在总体价值创造基础上，首先重点关注核心企业的获益水平，但却不能把商业模式简化成盈利模式（Amit and Zott，2001；邢小强等，2011；李会军 等，2015）。商业模式与盈利模式既有差异又有联系：差异之处在于企业盈利模式主要关注价值获取，而商业模式则以价值创造为中心；联系之处在于一种商业模式很有可能为企业带来特殊的盈利模式，比如通过订阅费、广告收费等形式获取收益，并且有的研究也认为盈利模式是商业模式的组成部分之一（Osterwalder，2004；Teece，2010）。因此，揭示商业模式的效果机制应同时关注价值创造与价值获取两个维度的内容。

二、商业模式的效果机制

尽管商业模式以最大化总体价值为目标，但对于核心企业而言，该目标最终是为最大化企业绩效服务的，因而关于商业模式效果机制的研究多聚焦于解释核心企业的获益水平（Chesbrough and Rosenbloom，2002；Patzelt et al.，2008；罗珉等，2005）。财务绩效目前得到的关注最多，相关研究多使用股票价值、销售增长率、利润率等指标直接测量财务绩效（Zott and Amit，2007；Patzelt et al.，2008；Cucculelli and Battinelli，2015；胡保亮，2015），也有学者从销售价格与产品质量两个维度考虑财务绩效状况（Brea-Solís et al.，2015）。更为重要的是，学者们意识到不少新创企业在商业模式确立之前就已经开始盈利，以及商业模式具有累积效果的事实，倡导在研究中考虑财务绩效的时间滞后性问题（Zott and Amit，2007；Brea-Solís et al.，2015；Foss and Saebi，2017）。

当前研究主要从三个视角分析了商业模式的效果机制：

一是刻画商业模式在发掘新技术或新设想中所蕴含价值的过程中所扮演的角色（Casadesus-Masanell and Ricart，2010；Baden-Fuller and Haefliger，2013；李东和罗倩，2013），学者们认为，商业模式所体现的是关于如何做生意的具体方案，其详细地列示出了企业为了实现新技术商业化或有效落实战略设想所应当开展的关键活动，如 Teece（2010）认为，商业模式包括“选择嵌入到产品或服务中的技术与特色”“明确顾客可以通过消费这些产品

或服务所能得到的益处”“识别目标市场”“确定切实可行的收益源”“设计机制来获取价值”五种关键活动的开展方案。

二是直接揭示商业模式对企业绩效的影响机制（Weill et al.，2011；Morris et al.，2013；Kulins et al.，2016；赵晶，2010），商业模式一方面能够通过提升顾客购买意愿、降低机会成本、提升交易效率等方式来提高所创造出的总体价值，另一方面又可借助加强信息控制、提升利益相关者转换成本等方式来强化核心企业的价值获取能力，两者的累加效应会带给企业高绩效。

三是进一步分析商业模式为企业带来高绩效的边界条件（Patzelt et al.，2008；Zott and Amit，2008；Velu and Jacob，2016；郭朝阳和吕秋霞，2009；叶广宇等，2010；姚明明等，2014），遵循“匹配”思路，致力于探讨商业模式与高管团队特质、产品市场战略、利益相关者参与动机、制度环境、技术创新战略等因素的交互效应对企业绩效的影响。

比较来说，遵循“匹配”思路来分析商业模式与企业绩效的关系最受欢迎。相关研究多基于以权变理论，认为没有效果最好的商业模式，只有最适合于企业的商业模式，商业模式与企业内外部权变要素之间的匹配程度不同是导致其价值创造与获取效果呈现出差异化的最主要原因（Morris et al.，2005）。在上述认识的驱动下，学者们在发掘影响商业模式绩效表现的权变因素方面投注了大量精力。表 2-1 汇总了出现在商业模式绩效表现的实证研究中的权变要素。这些要素可以被归纳为三种类型：第一类是企业外部环境要素（Zott and Amit，2007；Alcalde et al.，2016），这些研究强调核心企业往往自身资源较为匮乏，需要通过市场交易获得所需资源，而外部环境状况则决定了它们能够从市场上所获得资源的多少与难易程度，这会影响商业模式设计与效果；第二类是企业竞争优势要素（Zott and Amit，2008；Kim and Min，2015），这些研究强调核心企业在资源储备或资源配置活动方面所展现出的独特性能够保障商业模式很难被竞争者模仿，可以为企业带来竞争优势；第三类研究强调商业模式的工具属性（Pries and Guild，2011；Wei et al.，2014），认为商业模式是实现新技术市场价值的工具，不同类型的新技术需要借助不同类型的商业模式实现技术成果转化。

表 2-1 影响商业模式绩效表现的权变要素

权变要素类型	权变要素内容	资料来源
企业外部环境	环境冗余度	Zott 和 Amit（2007）
	宏观经济环境	Alcalde 等（2016）
企业资源与活动	产品市场战略	Zott 和 Amit（2008）
	高管团队特质	Patzelt 等（2008）
	企业资产	Kim 和 Min（2015）
	风投企业（VCF）的经验与权利	Gerasymenko 等（2015）
	合作者互补资产	Velu（2015）
	无形资产投资	Cucculelli 等（2015）
	企业规模、年龄、联盟经验与关系持久度	Bouncken 等（2016）
	产品创新	Visnjic 等（2016）
技术创新	技术发明特征	Pries 和 Guild（2011）
	技术创新服务	Landry 等（2013）
	技术创新类型	Wei 等（2014）

资料来源：笔者整理。

总体而言，商业模式效果机制十分复杂，尽管基于匹配视角的研究在揭示效果机制方面取得了很大进展，有效证实了商业模式的价值属性在不同情境中有不同体现，同一模式在不同情境中的价值创造与获取能力并不相同，但这些研究对于权变要素选取的分析却并不完备。具体体现为：当前匹配视角研究主要结合资源基础观思想，从价值获取维度去发掘权变要素，但对于涉及的资源并未形成系统认识，使得研究成果十分零散。因此，未来研究有必要在结合商业模式概念特征及资源基础观理论，同时考虑价值创造与价值获取两个维度的基础上，较为全面地探讨权变要素对商业模式绩效表现的影响机制。实际上，从设计视角看，探索权变要素的过程也可被看作是商业模式设计过程的延续，也即商业模式究竟是否有效，并不完全由商业模式本身所决定，还取决于企业能否为该模式的顺利执行构建起相应的保障体系。这一点对于新创企业商业模式设计工作更为重要，忽视保障体系构建会使新创企业错误放弃那些极具颠覆潜质的商业模式。

第五节　本书的理论基础

本书致力于解答“创业者认知图式与环境扫描如何影响新创企业商业模式创新性”与“创业者的资源整合方式如何影响高创新性商业模式的绩效表现”两个研究问题，关于第一个问题的回答是以战略认知及新制度理论为理论基础，而关于第二个问题的回答是以资源管理理论为理论基础。下文将分别对这些理论进行梳理，从而为后续研究假设的提出奠定理论逻辑。

一、战略认知研究

（一）战略认知的主要理论观点

战略认知研究兴起于20世纪80年代，学者们认为，外部环境因感知而存在，不同的企业家对于外部环境会有不同的感知，不同感知最终造就了差异化的战略决策（Hambrick and Mason，1984；Schwenk，1988）。战略认知研究涵盖多个层次（Narayanan et al.，2011），本书主要基于个体层次研究成果展开分析，该层次研究有两个核心理论观点。

其一，通过认知图式简化战略决策。受到有限理性决策逻辑的影响，战略认知研究学者认为，外部环境是复杂多变的，企业家不可能获得与分析所有环境信息，他们必须构建战略假设来处理复杂的问题。战略假设是一种启发战略决策的认知图式，它主要来自于企业家容易回忆及满意的经验（Schwenk，1988）。在决策过程中，企业家会将认知图式强加于外部环境中，使其成为赋予环境信息形式与意义的模板，从而实现对复杂问题的快速简化决策，这也被称之为启发式决策（Narayanan et al.，2011）。显然，认知图式在决策过程中发挥了过滤物的作用，与认知图式相似的信息会得到很好的解释，但与认知图式不相似的信息则很难得到良好的解释，甚至有可能会被忽视，造成决策偏差。因此，企业家认知图式的不同是造成企业战略决策呈现出差异化的主要原因。

其二，基于认知图式的战略决策制定过程是一个意义建构过程。意义建构的基本思想是人们基于对外部环境或事件的主观认识（非真实认识）做出相应的决策与行动，主要围绕“关注环境事件信息”（环境扫描）、“解读信息形成意义”（环境解释）及“围绕意义开展活动”（行动反应）三个循环且持续进行的子过程开展研究（Hahn et al.，2014）。在意义建构过程中，个体过去所积累的经验知识被转化为可能性的未来，外部环境线索在意义建构过程中发挥着重要作用，意义建构就是一个基于先前经验知识从外部环境中提取意义线索，进而做出决策的过程（Maitlis and Christianson，2014）。基于这些思想，战略认知研究者认为，在不确定环境中，战略决策将高度依赖企业家的认知图式（Hahn et al.，2014）。借助认知图式，企业家可以为模糊的环境线索赋予意义，并进一步引导他们考虑应做出何种战略反应。在意义建构三个子过程中，环境扫描活动得到了最多关注。当前这方面研究主要围绕“战略—环境”关系来探讨环境扫描的重要作用，认为企业必须适应环境以实现生存与成长，这其中的关键在于开展环境扫描活动，扫描模式、扫描频率等的不同会导致组织所获取的环境信息的不同，这可能是造成组织绩效差异的重要原因（Hambrick，1982；Daft et al.，1988；Gary et al.，2003）。

总体而言，战略认知研究主要围绕“认知图式—环境扫描—战略决策”这条分析主线开展，在承认外部环境影响决策结果的基础上，强调企业家头脑中的认知图式对于环境信息的过滤作用。本书也将围绕这条主线对新创企业商业模式设计的认知机制进行分析。

（二）基于战略认知的商业模式研究

基于战略认知的商业模式研究主要关注企业家的认知图式与认知活动如何影响商业模式创新决策。有的学者关注了能够塑造认知图式的企业家先前工作经验与商业模式创新的关系。例如，Osiyevskyy 和 Dewald（2015a）分析了企业家先前经验对于机会感知的影响，以及这种感知如何最终决定商业模式创新结果。研究认为，企业家先前成功的风险经营经验对于机会感知有显著的正向影响，进而会正向影响开发式与利用式的商业模式改变行为；先前行业内经验会负向影响机会感知，进而负向影响开发式商业模式改变行为；先前行业外经验对于商业模式创新决策没有显著影响。还有学者主要关注了企业家处理环境信息的认知活动与商业模式创新的关系。例如，Martins 等（2015）分析了在缺少外部环境震荡的情况下，企业家如何借助类比推理与概念链接两种原生性认知活动实现商业模式创新。总的来说，基于战略认知的商业模式研究并不多，当前研究并未完整地围绕“认知图式—环境扫描—战略决策”这条主线揭示商业模式决策过程，本书将尝试弥补这一不足。

二、新制度理论

（一）新制度理论的主要理论观点

本书关注的是组织社会学新制度理论，早期研究主要致力于解释“为何场域中组织的结构与行动会越来越相似”（DiMaggio and Powell，1983），而随着理论发展，近年来学者们开始关注行动者如何主动进行制度变革（Garud et al.，2007）。新制度理论有三大核心理论观点。

第一，制度的三维度划分与组织合法性。新制度理论学者认为制度是一种关键的环境成分，为社会化行为赋予意义，保持社会化行为稳定开展（Scott，1995）。制度可以被区分为不同类型，Scott（1995）的观点最为权威，他区分了规制性制度、规范性制度、认知性制度三种制度类型。制度是组织的行为规范，约束着组织严格遵循制度要求开展活动，符合制度要求的组织在新制度理论中被称为拥有合法性（Legitimacy）。根据 Suchman（1995）的观点，合法性是人们在各类制度框架下，对实体活动是否恰当的感知，代表的是社会大众对组织“应当是什么”的一种普遍认识。

第二，制度的同形（Isomorphic）机制。制度约束组织行为，驱使组织追求合法性，这些作用是通过制度的同形机制发挥出来的。DiMaggio 和 Powell（1983）认为，制度会通过三种同形机制来影响组织，使它们的结构与行动越来越相似。第一种被称为强制（Coercive）同形压力。这种同形压力源于某一实体拥有其他组织所必须依赖的资源，如政府要求所有组织运行必须遵循法律约束，否则就会受到惩罚。第二种被称为模仿（Mimetic）同形压力。如果环境不确定程度较高，组织往往很难清晰地知道什么是最优方案，为了减少因不确定性而带来的风险，模仿同领域当中的成功典范是最为可靠的做法。第三种被称为规范（Normative）同形压力。规范是指社会中所存在的共享观念与共享准则，如社会风俗习惯、专业化机构所制定的行业标准等，如果组织不按照规范开展活动，则意味着它很难被社会大众所接受，因而组织会严格按照规范行事。

第三，制度变革机制。制度并非一成不变，早期新制度理论研究认为，除非外部环境发生巨大波动，否则制度不会发生改变，近期研究则开始关注行动者在制度变革当中所发挥的主观能动性作用，这以制度创业研究学者最为典型。这些学者认为，制度创业者是制度创业活动的主要发起者与执行者，个人或组织都有可能成为制度创业者，它们拥有丰富的资源，可以发现制度变迁中的潜在利益价值，会主动带来新制度（Di Maggio，1988）。谁是制度创业者？多数学者认为处于场域边缘或处于不同场域交汇处的个体或组织的场域嵌入度较低、场域矛盾曝光程度较高，通常是现有制度的受害者，并且它们也往往容易发现新的制度安排形式，因而更易成为制度创业者（Garud et al.，2002）。还有学者指出，认为反思性（Reflexivity）的改变是行为主体进行社会变革的必要因素，处于自动反思阶层（Autonomous Reflex-ive）的个体更易成为制度创业者（Mutch，2007）。

（二）基于新制度理论的商业模式研究

新制度理论在商业模式领域中的应用并不多，当前研究主要关注了两个问题。一些学者关注了制度因素对于商业模式创新的约束作用，如 Kshetri（2007）分析了电子商务模式在发展中国家推广应用过程中所面临的制度障碍；Hughes 等（2008）则分析了 P2P 文件分享服务商业模式发展过程中所面临的约束，发现法律、规章、文化等制度要素也是主要的约束要素，并且商业模式设计者往往并不容易排除这些约束。不同于上述研究关注客观存在的制度，还有一些学者将当前流行的商业模式视为一种制度，认为当前流行的商业模式被企业及其利益相关者广泛认同，是一种共享于他们头脑中的认知性制度，当企业设计新商业模式时，这种共享的认知性制度会产生约束性作用，因而必须首先设法对其加以改变。Aspara 等（2013）分析了诺基亚在 1990~1996 年因业务聚焦所带来的商业模式变化过程，发现高层管理者及企业利益相关者的头脑中关于诺基亚公司的经营范围、市场声誉、业务边界存

在一种共享认识，通过改变这种共享认识，诺基亚才最终塑造起新的商业模式客观形态。近年来，有学者开始直接基于新制度理论探讨商业模式创新过程。Sarma 和 Sun（2017）分析了在过去 40 年里，制度创业者如何挑战传统半导体产业的制造模式，建立起无芯片加工的新型商业模式。他们发现，位于行业边缘位置的企业会成为制度创业者，它们因追求更高的价值创造与获取的动机而致力于打造新商业模式，新商业模式的建立是一个多阶段的长期过程，制度创业者与行业在位者在该过程中不断发生着互动。

总体而言，基于新制度理论的商业模式研究仍多关注制度的约束作用，并且缺少实证研究。本书将基于新制度理论，同时关注制度的约束效力与创业者的主观能动性，采用实证研究方法分析新创企业商业模式设计机制。

三、资源管理理论

（一）资源管理理论的主要理论观点

资源管理理论起源于理论界对资源基础观的反思，目前美国得州 A&M 大学 David Sirmon 教授团队的一系列成果最具代表性，相关研究认为，资源管理是一个资源构建（Structuring）、整合（Bundling）与配置（Leveraging）的过程，在长期内，企业可以通过做好上述三个环节工作来塑造企业竞争优势，但在短期内，企业却只能基于已有资源储备开展整合与配置活动（Sirmon et al.，2008）。本书将关注新创企业的资源整合活动。

Sirmon 等（2007）认为，企业可以采用三种方式整合资源：稳定型资源整合方式（Stabilizing）强调企业立足于已有资源，对这些资源的数量与质量加以渐进性的小幅度提升，从而强化当前能力；完善型资源整合方式（Enriching）同样立足于已有资源，但所强调的是更深层地发掘这些资源所蕴含的价值，从而在资源间形成新连接，塑造起新能力；开拓型资源整合方式（Pioneering）则强调引入新资源，并创造性地将新旧资源整合到一起，从而创造出新能力。

在进一步的研究中，Sirmon 等（2007）从权变视角出发，认为企业的资源整合方式选择受到环境动态性与不确定性影响。这意味着，处于不同市场环境中的企业会采用不同的资源整合方式，而同一企业也要根据环境变化情况而不断更改自身的资源整合方式。实际上，资源整合活动的目的在于形成企业核心能力，这种能力的外在表现是企业借助独特的资源结构来支持其经营活动顺利开展，从而为顾客创造价值（Sirmon et al.，2007），因而不仅是外部环境，企业战略、组织结构等同样会影响资源整合方式选择。也即是说，企业的资源整合方式应与外部环境及自身经营需求相匹配。

（二）基于资源管理理论的商业模式研究

资源基础观是商业模式的重要理论基础，Amit 和 Zott（2001）指出，商业模式建立在资源之上，能够通过不断集合资源与能力来产生价值。Mangematin 等（2003）认为，每一种商业模式都有属于自己的发展逻辑，该逻辑与所必备的资源相一致，这些资源包括顾客及供应商关系、企业能力、筹资模式、股权结构。Morris 等（2005）也认为，资源与能力是商业模式的重要构成要素，保障商业模式可为企业带来竞争优势。在这种理论背景下，不少商业模式研究都涉及资源管理理论观点。例如，Mason 和 Leek（2008）分析了通过知识转移来建构知识资源的过程机制；Amit 和 Zott（2001）分析了企业如何采用新的互补方式将资源与能力整合起来创造价值；Achtenhagen 等（2013）则分析了如何为商业模式创新设计的不同阶段配置不同能力。更具体到与资源整合方面，George 和 Bock（2011）认为，资源结构是商业模式的重要构成，所指的是那些用来服务顾客的企业组织形式、产品技术、核心资源等所组成的静态结构，商业模式价值大小取决于企业能否不断获取与应用那些有潜在市场价值的资源；Halme 等（2012）分析了在资源稀缺的背景下，公司内部创业者如何利用资源拼凑策略来创造性地组合已有资源，实现商业模式创新，这种策略所反映的是完善型资源整合方式。尽管如此，目前资源整合视角商业模式研究却并未系统考察不同资源整合方式对商业模式的支持效果，实证研究也十分匮乏。本书将基于资源管理理论，实证分析三种资源整合方式对商业模式效果的影响机制。

第六节　现有研究总结与启示

结合上文分析可以发现，学术界对商业模式概念的认识已呈现出显著收敛趋势，伴随而来的是研究内容更为系统，“解构概念并探讨其前因与后果”的研究框架初步形成。结合这一框架，当前研究可以被区分为两大类型。

第一种类型是概念解构研究。这类研究多运用逻辑概念或案例研究方法，通过借鉴多种基础观点，聚焦于阐释商业模式定义、维度、类型等内容，回答“商业模式是什么”（what）这一问题，在奠定商业模式研究基础方面扮演了重要角色（Amit and Zott，2001；Morris et al.，2005）。概念解构研究包括“业务活动框架”与“价值创造系统”两种主流研究观点，目前后者更受关注，相关研究拥有坚实的理论基础，且已开发出简易可行的测量方式，因而基于“价值创造系统”观点能为实证检验商业模式理论发现做出重要贡献，已有不少高水平研究成果采用了这种观点（Zott and Amit，2007；Guo et al.，2017）。

第二种类型是关系机制研究。这类研究多运用案例或实证研究方法，基于先前商业模式要素、类型等方面的理论研究成果，聚焦于回答“如何设计商业模式”与“商业模式如何发挥作用”两个“how”方面的问题，在开发并检验完整的商业模式理论框架方面发挥着重要作用（Zott and Amit，2007；Mehrizi and Lashkarbolouki，2016）。“如何设计商业模式”的研究多运用案例研究方法来详细刻画商业模式的形成过程，学者们侧重于对该过程加以阶段性区分，并揭示不同阶段所需的关键资源或关键活动（Velu and Stiles，2013；Khanagha et al.，2014；Bigdeli et al.，2016）。“商业模式如何发挥作用”的研究多运用实证研究方法，在考虑边界条件的基础上，分析不同类型商业模式与企业绩效的关系（Zott and Amit，2008；Velu and Jacob，2016）。综合看：刻画商业模式设计过程的研究已比较成熟，但目前却少有实证研究，另外在考察设计过程时，也忽视了对设计前因加以系统考察（Amit and

Zott，2015）；商业模式与绩效关系的研究则尚处起步阶段，有必要深入揭示两者的关系机制，而进一步发掘影响两者关系的边界条件则是未来研究所需解决的首要问题。

未来研究有必要在清晰界定商业模式概念基础上，结合当前已初步形成的商业模式研究理论框架，深入发掘关键构念之间的作用关系与规律，以进一步推进商业模式理论开发进程。概括来说，如下两方面的科学问题亟待解决：

一方面，揭示商业模式设计机制。当前研究多基于个案来刻画商业模式设计的过程（Mezger，2014；Mehrizi and Lashkarbolouki，2016），研究成果既忽视了设计前因对该过程的主导影响作用，使得无法全面回答“商业模式从何而来”这一问题，也难以归纳成为一般化的理论认识，阻碍着理论检验研究的开展。因此，结合上文分析，进一步梳理影响商业模式设计的前置因素，调和“定位视角”与“认知视角”两种不同的设计逻辑，提炼并验证“前因—结果”的商业模式设计机制模型，不仅能够完善商业模式核心研究框架，也有助于从商业模式设计视角为实践者提供更为详细的参考建议。

另一方面，探索商业模式效果研究的边界问题。不同商业模式有不同的适用边界（Chan et al.，2016），虽然当前学者们基于资源基础观考察了商业模式理想形态，对于价值创造结果的研究也考虑了边界条件的约束作用，但相关研究却并不系统（Amit and Zott，2001；Teece，2010）。在没有厘清不同商业模式适用边界的情况下，盲目地去总结一般性规律，会导致商业模式因错误应用而难以发挥出价值创造效果。因此，基于对商业模式概念与价值逻辑的充分理解，进一步发掘影响商业模式绩效表现的边界条件因素，探索商业模式与这些因素的匹配关系对企业绩效产生影响的内在机制很有必要。

总体而言，商业模式概念的形成与发展在很大程度上是由实践所驱动，探寻“如何设计出高创新性商业模式”很有价值。在理论解释上，这属于商业模式设计话题，具体对应“商业模式设计”与“商业模式效果”两个研究主题。尽管目前学者们从定位与认知两个视角揭示了商业模式设计机制，并基于权变理论分析了商业模式效果机制，但相关研究仍有较大改进之处。鉴于此，结合已有研究成果，围绕上述两个主题进行更为深入的研究很有必要，本书将以此为切入点展开分析。

第三章　理论模型与研究设计

本章围绕上文所提出的具体研究问题与研究概念模型，首先，对模型中涉及的认知图式、环境扫描、商业模式创新性及资源整合方式四个关键概念进行了详细阐述，为后续理论模型的构建提供基本逻辑框架；其次，分别基于战略认知、新制度理论与资源管理理论，围绕“商业模式设计”与“商业模式效果”两个研究主题，理论探讨了关键概念之间的关系，并构建起本书的理论模型；最后，重点围绕问卷设计、数据收集、分析方法与思路等方面，描述了本书的设计思路与流程，以突出本书开展的规范性。

第一节　相关概念探讨

本书致力于探讨“创业者认知图式与环境扫描如何影响新创企业商业模式创新性”与“创业者的资源整合方式如何影响高创新性商业模式的绩效表现”两个研究问题，涉及认知图式、环境扫描、商业模式创新性与资源整合方式四个关键概念。下文将结合本书的研究主题，梳理与阐释这些概念的理论内涵，明确本书应用这些概念的切入点，从而为后续理论模型构建提供基本的逻辑框架。

一、认知图式

认知图式（Cognitive Schema）是心理学中的一个概念，最早由 Bartlett（1932）提出，他将认知图式表述成一种能够控制注意力及记忆重构的假设性心智结构。基于早期观点，当前学者们普遍认为认知图式是个体保存于头脑中的关于特定刺激物概念与类型的知识结构，包括刺激物的属性与属性间关系两部分内容（Fiske and Taylor，1991）。从本质上说，认知图式提供给个体一种知识基础，引导着个体开展信息收集与解读活动，个体可以根据解读结果来做出相应决策。认知图式来自于个体的先前经验（Fiske and Taylor，1991），不同刺激物的认知图式主要由与该刺激物密切相关的先前经验所决定，那些经常发生的、生动形象的、新近的经验更有可能被用来塑造认知图式（Tversky and Kahneman，1974）。

商业模式研究很早就注意到了认知图式价值，如 Chesbrough 和 Rosenbloom（2002）的研究指出，企业家头脑中关于商业模式形状的固有认识会阻碍商业模式创新，但多数研究仅将其视作理所当然的存在而没能加以深入分析（Battistella et al.，2012；Amit and Zott，2015）。近年来，学者们开始关注“商业模式设计者的认知图式有什么特征”问题。在商业模式研究中，认知图式体现为当前个体关于商业模式客观结构的主观认识（Malmström et al.，2015），这种理解深受战略认知研究影响，可参考战略认知研究，采用两种方式解构认知图式（见图 3-1）。一种方式是借鉴认知地图研究，从知识结构角度进行解构，认为认知图式是交易活动子图式的组合，子图式包括交易内容子图式、交易结构子图式、交易治理子图式，每一项子图式又是由多种属性（如顾客需求、内部能力、生产规模等）与属性间关系（如竞争战略与市场定位之间的关系）所构成（Amit and Zott，2001）。另一种是借鉴高阶理论研究，从形成过程角度进行解构，认为认知图式来自于个体先前的商业模式设计经验或实施经验的积累，而行业层面的不同商业模式经验是导致个体认知图式呈现出差异性的主因（Malmström et al.，2015；Osiyevskyy et al.，2015b）。结合上述分析，本书认为认知图式就是商业模式图式，并采用后一种方式对其进行解构。

基于形成过程角度来解构认知图式所考察的是认知图式整体性质的差异，这种差异会造就多样化的决策方向，导致决策结果呈现出质的不同，因而有必要给予充分关注。结合 Di Maggio（1997）的观点，认知图式体现为个体层面的系统化知识，这些知识的本质是个体对制度的个性化理解。制度

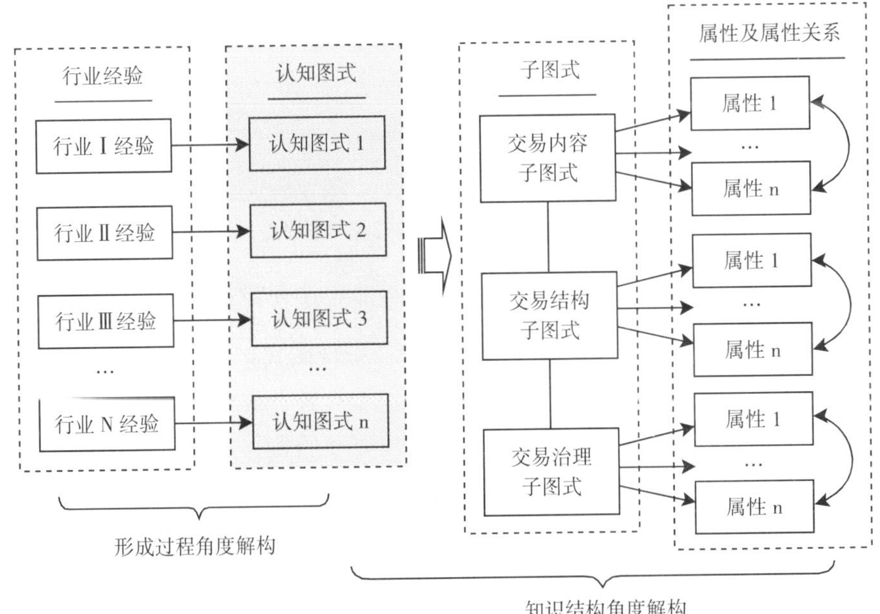

图 3-1 商业模式研究中认知图式的概念解构

指的是在特定行业或地区内认识事物与解决问题的一般规则，不同行业或地区的制度并不相同（Kraatz and Moore，2002）。也即是说，制度决定了认知图式的整体性质，而对制度的个性化理解则决定了认知图式的内在结构。新制度研究认为，个体在特定行业开展工作是以该行业的相关制度规则为基础的，不同行业的工作经验反映的是这些行业制度规则对该项工作开展方式的不同要求（Cliff et al.，2006），因而行业经验是从整体性质层面区分认知图式类型的重要切入点。结合新制度理论，以创业活动目标行业为参照物，创业者经验可区分为行业内经验与行业外经验，它们会带来整体性质不同的认知图式，如图 3-2 所示。

具体而言，行业内经验方面，创业活动目标行业内存在关于“组织结构安排”“业务流程制定”等商业模式构成要素及其关系的主导认识，这属于约定俗成的“文化—认知”制度，为行业内个体及组织所普遍熟知（Scott，1995）。作为一种制度规则，行业内企业均会倾向于依循这一主导认识来设计商业模式，这意味着创业者所积累的行业内经验往往较为单一，且具有群

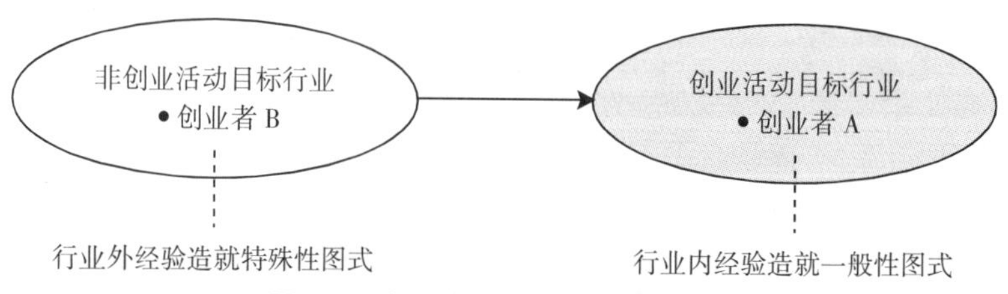

图 3-2 创业者认知图式的类别界定

体共享性特征（Aspara et al.，2013），基于创业活动目标行业内主导商业模式经验积累所形成的认知图式可称之为“一般性图式”（见图 3-2）。行业外经验方面，不同行业关于“商业模式构成要素及彼此间关系”的主导认识并不相同，有时甚至存在冲突。如果创业者并非来自创业活动目标行业，则意味着他往往并不了解该行业主导商业模式，并且自身拥有的商业模式经验也很难被行业内个体及组织了解与分享（Aldrich，1999）。在该情境下，对于创业活动目标行业而言，行业外创业者所积累的商业模式经验具有个体专有性特征，并且随着该创业者所接触的行业种类增多会进一步呈现出多样性特征（Martins et al.，2015），这些经验的结构化组合会形成与“一般性图式”截然相反的“特殊性图式”。

从本质上说，“一般性图式”与“特殊性图式”的差异取决于“创业者已有商业模式经验在创业活动目标行业内属于普遍性经验还是专有性经验”。来自创业活动目标行业内部的创业者所积累的经验是行业内个体及组织所普遍拥有的经验，会带来“一般性图式”；来自创业活动目标行业外部的创业者所积累的经验在目标行业内属于该创业者所专有的经验，会带来“特殊性图式”。

近年来，一些学者开始尝试对认知图式特征加以揭示。Aspara 等（2013）关注了以跨组织认知为代表的一般性图式，指的是核心企业及其利益相关者对“商业模式应当是什么”的共享认知，基于此的“市场定位”“竞争战略”“业务边界”等商业模式构成要素选择与搭配活动会以行业内群体所熟悉的方式开展，异质性设计方式会因较高的不确定性而不被重视，长期从事熟悉活动又会进一步固化这种共享认知。Osiyevskyy 和 Dewald（2015a）则关注了源自差异化经验的特殊性图式，发现行业外经验的积累会使管理者拥有完

全不同于行业内传统的认知图式，这些认知图式反映着全新的业务经营方式，多属于当前主导经营方式的竞争性替代方案，不为行业内群体所熟悉，甚至会因容易引发认知冲突而遭受抵制。

二、环境扫描

在管理研究领域，Aguilar（1967）最早对环境扫描（Environmental Scanning）进行了定义，认为环境扫描是企业收集外部环境事件状态与变化趋势信息的活动，这些信息被用来指导企业未来工作的开展。基于该定义，后续不同领域的学者纷纷尝试对环境扫描的概念加以重新界定，其中影响最大的是战略领域与创新领域的研究（Hambrick，1982；Katila and Ahuja，2002）。这些研究结合自身领域特点，对环境扫描的理解既有相同之处，也存在着差异，如表 3-1 所示。

表 3-1　战略领域与创新领域环境扫描研究比较

	战略领域	创新领域
研究出发点	战略决策需要适应外部环境需求	有效的创新源于外部新知识输入
概念界定	收集外部环境信息，并从中提炼知识的活动	
理论基础	注意力理论	
研究内容	扫描过程：扫描模式、扫描宽度、扫描频率 扫描效果：战略决策、企业绩效	扫描过程：扫描距离、扫描强度 扫描效果：组织创新、创新绩效
典型研究	Hambrick（1982） Daft 等（1988） Garg 等（2003）	Katila 和 Ahuja（2002） Sidhu 等（2007） Li 等（2013）

资料来源：笔者整理。

战略领域与创新领域关于环境扫描的研究有着不同的出发点：环境不确定性是战略研究开展的前提，相关研究主要探讨“战略—环境”关系，认为组织必须适应环境以实现生存与成长，这其中的关键在于开展环境扫描活动，不同的环境扫描活动会导致组织所获取的环境信息的不同，这是造成组织绩效差异的重要原因（Hambrick，1982；Daft et al.，1988；Garg et al.，2003）；在创新研究领域，学者们认为，新产品开发、商业模式创新等创新活动的核心是产生创新性的想法，而创新性想法的形成在很大程度上有赖于新知识的输入，组织需要借助环境扫描活动来发现这些新知识（Katila and Ahuja，2002）。尽管两个领域研究的出发点不同，并且在称呼上也有所差异，[①]但它们对环境扫描的概念界定却都认同 Aguilar（1967）的观点，认为环境扫描不仅包括信息收集活动，也包括信息加工进而从中提炼出有价值的新知识的活动（Garg et al.，2003；Sidhu et al.，2007）。

从理论基础看，两个领域都认可环境扫描是一种认知活动，并均以注意力理论作为主要的解释逻辑。注意是一个认知过程，在环境扫描研究中，主要用来解释"为环境扫描的不同内容分配注意力"及"为环境扫描活动本身分配注意力"两个研究主题（Kahneman，1973）。对于前者而言，由于外部环境信息数量庞大，并受制于自身有限的认知能力，个体进行环境扫描的目的在于降低参与到决策中的信息数量与复杂性，有限理性会驱使个体倾向于关注那些与当前认知图式相一致的信息，并忽视那些与当前认知图式相悖或超出当前认知图式理解范围的信息，做出带有偏见性色彩的快速决策（Hambrick，1982；Schwenk，1988）。对于后者而言，为环境扫描活动分配较多注意力资源，将有助于发现更多的组织成长机会，但注意力是一种稀缺资源，对其使用必然存在机会成本。这意味着，为环境扫描活动分配较多注意力往往是以降低其他活动注意力资源为代价（Dahlander et al.，2014）。因此，对环境扫描活动的关注程度是一个情境变量，并非越高越好。

界定组织的外部环境是开展环境扫描研究最为重要的基础性工作，战略研究与创新研究对此有不同的认识。战略研究认为，将外部环境视为一个整体不能完全掌握组织的环境扫描情况，倡导在将环境区分为不同维度的基础上开展研究（Beal，2000）。关于环境维度的划分，Daft 等（1988）的研究观点获得了学者们的较高认同，他们将企业外部环境区分为 2 个范畴 6 种子环境，也即工作环境（竞争环境、顾客环境、技术环境）、一般环境（制度环境、经济环境、社会—文化环境）。基于环境维度的划分，学者们围绕扫描

① 战略领域多直接使用"环境扫描"这一称呼，而创新领域关于环境扫描的研究则多使用"知识搜索"这一称呼。

频率、扫描模式、扫描时间、扫描强调程度等开展了一系列研究，并探讨了这些扫描过程特征对战略决策与企业绩效的影响（Hambrick，1982；Daft et al.，1988；Beal，2000；Garg et al.，2003）。创新研究强调新知识的输入，因而相较将组织外部环境区分为不同子环境，该领域的学者更关注收集到的信息是来自相同环境还是不同环境。"跨界扫描"是该领域最为流行的研究主题，这些研究将环境区分为"企业内—企业外"（Katila and Ahuja，2002）、"产业内—产业外"（Katila，2002）、"相似技术—非相似技术"（Katila and Ahuja，2002）、"区域内—区域外"（Phene et al.，2006）、"熟悉—不熟悉"（Li et al.，2013）等多种相对的类型，探讨扫描活动跨越上述各类环境边界的程度及扫描活动的强度对组织创新决策与创新绩效的影响。

广义上说，创新领域的研究隶属于战略研究，也即组织创新与否及创新性大小是一个战略决策问题，该观点已经得到创新研究学者较为普遍的认可（Sidhu et al.，2007；Dahlander et al.，2014），因而创新研究同样遵循战略研究的"战略—环境"关系解释逻辑。结合上述分析及本书的核心研究问题，也即基于战略认知研究观点探讨"为何有的创业者会设计出高创新性商业模式"，关于环境扫描有如下界定：第一，环境扫描的目的是确保战略决策（商业模式设计决策）与外部环境需求相匹配。第二，根据有限理性原则，外部环境需求取决于创业者个体主观判断。第三，环境扫描是指创业者收集外部环境信息，并从中提取出相应知识的活动。第四，关注创业者的跨界扫描程度（扫描距离）及其为扫描活动所投入的时间与精力（扫描强度），而非关注创业者对各类子环境的扫描情况。

三、商业模式创新性

界定商业模式创新性的前提是明确商业模式的概念。尽管目前学者们尚未就商业模式概念达成一致，但却基本认同商业模式具有如下特征（Zott et al.，2011）：商业模式是一个独立的新分析单元；从整体上反映企业做生意的方式；关注跨越企业边界的交易活动；强调价值创造基础上的价值获取。根据这些理论认识并结合前文文献综述，目前 Amit 和 Zott（2001）的观点最受学者们欢迎，他们认为，商业模式是一种核心企业围绕合作者、供应商、顾客等利益相关者所形成的交易系统，该系统被设计用来开发商业机会，进而创造出价值，包括交易内容、交易结构与交易治理三个组成部分。其中，交易内容指的是被用来交易的产品或信息，以及有助于交易产生的资源和能力；交易结构指的是参与到交易中的团体，以及这些团体的连接方式，也包括交易发生的秩序（如它们的排列顺序），以及能够保障交易发生的机制；交易治理指的是信息、资源与商品的流动被相关团体控制的方式，也包括组织的法定形式，以及激励团体参与到交易当中的方式（Amit and Zott，2001；Zott and Amit，2010）。本书将采用 Amit 和 Zott（2001）的商业模式定义而展开分析。

界定商业模式创新性还需要进一步明确新商业模式的概念。一些学者认为，新商业模式是指部分构成要素发生变化的商业模式（Andries et al.，2013），而另一些学者则认为，新商业模式是指构成要素整体发生系统性变革的商业模式（Chesbrough and Rosenbloom，2002；Amit and Zott，2001）。尽管存在着分歧，但相关研究观点之间却并非是相互排斥的关系。理由在于：学者们普遍认为商业模式构成要素之间是一种有机的连接，一种要素的改变往往会引发其他要素或要素间连接方式发生变化，因而尽管商业模式的创新性可能有高有低，但所体现的却都是构成要素的系统性变化结果（Morris et al.，2005）。因此，系统性变革与部分要素创新代表创新性不同的商业模式，都属于新商业模式范畴。

结合上述分析，本书将采用 Amit 和 Zott（2001）的观点分析创新性不同的商业模式的设计过程。具体来说，Amit 和 Zott（2001）所提出的新颖型商业模式设计主题是界定商业模式创新性的基础，中国人民大学郭海教授团队的一系列研究也采用了这种方式来界定并测量商业模式创新性（Guo et al.，2013，2016，2017）。新颖型商业模式反映的是商业模式在交易内容、交易结构、交易治理三种基本构成要素上所具有的创新性，得分越高，意味着发生变化的商业模式构成要素数量越多，商业模式整体的创新性会越高，反之商业模式的创新性越低。

四、资源整合方式

资源整合（Bundling Resource）的概念源自资源管理理论（Sirmon et al.，2007），该理论是对资源基础观的重要拓展，认为仅仅拥有有价值的、稀缺的、不可模仿的、不可替代的资源并不能够保障企业获取可持续竞争优势，企业必须有效管理这些资源才能为顾客创造出超越竞争对手的价值，企业也会因此获益而实现成长（Priem and Butler，2001；Sirmon and Hitt，2003）。资源整合是指在企业获取并积累起所需资源的基础上，将这些资源加以组合连接形成价值创造能力的活动过程（Sirmon et al.，2007；蔡莉和尹苗苗，2009）。

资源整合的目的在于培育能力，过程是企业将互补资源连接到一起，不同的资源整合方式造就出差异化的价值创造能力，这些能力会进一步引导企业开展不同的价值创造活动。开展何种形式的资源整合活动取决于企业所在的环境，因而并无绝对最优的资源整合方式，企业应根据环境需求不断进行调整。当前学者们关于资源整合主要进行了二维方式划分、三维方式划分、四维方式划分，这其中以 Sirmon 等（2007）的三维划分观点最为流行（尹苗苗和王玲，2015）。三维划分观点包括稳定型、完善型、开拓型三种资源整合方式。其中，稳定型资源整合方式与 Siggelkow（2002）所关注的惰性过程（Coasting）十分相似，强调坚持依据现有资源结构开展活动，不去改变当前所依赖的人力、技术等基础性资源；完善型资源整合方式与 Puranam 等（2003）所关注的嫁接过程（Grafting）十分相似，强调通过深入发掘已有资源属性，创造性地将已有资源进行连接，从而形成新的资源结构，提升已有资源的价值创造能力；开拓型资源整合方式所基于的是熊彼特创新逻辑，强调引入新资源，并用富有创意的方式将新资源与已有资源加以组合，生成新的价值创造能力（Sirmon et al.，2007；蔡莉和尹苗苗，2009）。

资源管理理论中的资源整合概念已经得到了国内学者非常普遍的认同，如吉林大学蔡莉教授团队基于 Sirmon 等（2007）的理论构建文章，以资源整合为切入点，开发测量量表来实证探讨新创企业成长问题，研究成果发表在《管理世界》《南开管理评论》《中国工业经济》等高质量期刊中。本书也将采用资源管理理论中的资源整合概念，认为资源整合活动塑造了企业的资源结构，这些资源结构被用来支持商业模式执行，不同资源结构对商业模式执行的支持程度不同，而创业者则是开展资源整合活动的主体。

第二节　理论推导与模型构建

结合上文分析，对于“创业者认知图式与环境扫描如何影响新创企业商业模式创新性”这一研究问题而言，基于有限理性逻辑开展商业模式设计工作更符合决策实际情况，这一设计过程尽管以创业者认知为中心，但外部环境也为该过程提供了重要的信息与知识输入；对于“创业者的资源整合方式如何影响高创新性商业模式的绩效表现”这一问题而言，之所以高创新性的商业模式会呈现出差异化的绩效表现，主要原因在于新创企业对其实施过程的支持程度不同，支持程度较高会使高创新性的商业模式拥有更好的绩效表现。根据这些认识，下文将首先基于战略认知研究逻辑，融合新制度理论观点，理论推导创业者认知图式、环境扫描与商业模式创新性之间的关系；其次基于资源基础管理理论观点，理论推导商业模式创新性与新创企业绩效之间的关系；最后基于这些理论推导分析，构建起本书的理论模型。

一、创业者认知图式、环境扫描与商业模式创新性

新创企业商业模式设计是一种战略决策（Casadesus-Masanell and Ricart，2010），该过程的差异会导致创业者设计出创新性不同的商业模式。战略学者认为，外部环境需求决定了企业采用什么样的战略，该逻辑同样适用于商业模式设计研究。结合战略认知研究观点，外部环境需求是一种知识，它并不会自动出现，也不会被创业者均衡地拥有，而是由创业者从广泛的信息中提取出来的，体现为创业者对外部环境需求的主观理解过程，不同创业者有不同的理解（Hambrick，1982）。这意味着，创业者对外部环境需求的不同理解才是导致新创企业设计出创新性不同商业模式的主要原因，而出现不同

理解的根源又在于创业者头脑中的认知图式差异。每一位创业者头脑中都有一种关于“什么是商业模式”的认知图式，这种认知图式具有制度属性（Aspara et al.，2013），会驱使创业者自动参考该图式来构思商业模式，并且任何创业者都不会轻易放弃自己的认知图式。结合战略认知与新制度理论，创业者在某一行业内拥有的和大多数创业者及在位者相似的认知图式被称为一般性图式，他基于该图式设计出来的商业模式并不会具有很高的创新性，但却也是一种安全且合理的设计方式，容易在该行业内获得十分普遍的合法性认同（Chesbrough and Rosenbloom，2002）；创业者在某一领域内拥有的和大多数创业者及在位者不同的认知图式被称为特殊性图式，该图式会使他设计出不同于行业传统模式的高创新性商业模式，新制度理论将这种行为称为“制度创业”（Garud et al.，2007）。因此，创业者的认知图式差异会带来创新性不同的商业模式设计结果，独特性程度较高的认知图式更有可能造就高创新性商业模式。

战略认知研究学者认为，虽然创业者会自动参照认知图式来理解新创企业外部环境需求，但这种理解却并非仅仅是围绕认知图式的空想结果，而是认知图式与外部环境信息互动的结果（Schwenk，1988）。也即是说，外部环境在商业模式设计过程中扮演了“关键信息素材提供者”的角色。由于新创企业通常面对着十分复杂且多变的外部环境，在认知能力有限的情况下，创业者不可能获取所有信息，只能有选择性地关注那些与头脑中认知图式关联度最为紧密的信息（Jones and Casulli，2014；Dahlander et al.，2014），这是一个认知过程，在战略认知研究中被称为环境扫描。如前所述，创业者通常会坚持以自己的认知图式认识环境。创业者的一般性图式越丰富时，他们越会倾向于扫描行业内自己已经十分熟悉的信息，而熟悉信息的输入会进一步巩固传统商业模式的地位，使得创业者不太容易带来高创新性的商业模式（Chesbrough and Rosenbloom，2002）。相反，创业者的特殊性图式越丰富时，他们越会热衷于扫描行业外信息，并从这些信息中提取出新知识来指导商业模式设计工作。创新研究学者已经指出，新信息与新知识的输入是实现创新战略的重要保障，这在创新领域被称为“跨界扫描”，因而较高的行业外扫描程度以及较高的不熟悉环境扫描程度会有助于创业者设计出高创新性的商业模式。

另外，如果一位创业者较少或者不能够持续开展环境扫描活动，那么从侧面反映的是他会过多根据自己头脑中的已有认识来设计商业模式，这通常出现在一般性图式较为丰富的创业者群体中，因为熟悉的环境状况会使他们对一般性认知图式的有效性十分自信（Schwenk，1988），而缺少新信息与新知识的输入则最终会降低商业模式设计结果的创新性。然而，当特殊性图式的丰富程度提高时，创业者却会特别关注环境扫描活动，并且会为此持续投入时间与精力，因为他们无法直接将特殊性图式应用到当前行业的商业模式设计过程中，必须持续补充新信息与新知识来发现并印证特殊性图式的有用性与高价值，而随着新信息与新知识的不断输入，创业者也能够较为容易地开发出多种可行的商业模式方案（Martins et al.，2015），因而为创业者分配给环境扫描的注意力资源越多，扫描活动的持续程度越高，越有可能设计出高创新性的商业模式。

总体而言，本书认为，新创企业商业模式的具体形态是创业者认知特征与企业外部环境特征共同作用的结果，有效揭示商业模式设计机制的关键在于处理好“创业者认知”与“外部环境需求”之间的关系，环境扫描活动是连接两者的纽带。新创企业外部环境需求决定商业模式设计结果的论断并没有错，但导致设计结果差异的根源却在于创业者认知特征引导下的环境扫描活动，特殊性认知图式会引发独特的环境扫描活动，更有可能造就高创新性的商业模式。

二、商业模式创新性、资源整合与新创企业绩效

对于新创企业而言，高创新性的商业模式设计结果能够为其带来熊彼特租金，这有助于提升经营绩效。实践中，也有不少新创企业利用高创新性商业模式实现了在市场上快速立足，甚至颠覆了现有市场。高创新性商业模式的良好绩效表现不仅来源于创新活动本身所具有的价值创造能力，也来源于创新活动所间接提升的价值获取能力。从价值创造能力看，高创新性商业模式会为新创企业与利益相关者之间带来新的交易，由于价值是在交易中产生的（Amit and Zott，2001），因而交易种类的增加就意味着新创企业能够创造

出更多的价值；从价值获取能力看，高创新性商业模式所带来的新交易类型通常在市场上并不普及，因而参与到商业模式中的组织会面临较高的转换成本，但新创企业却会因此增强自身在价值分配过程中的话语权，从而获取更多价值。因此，新创企业商业模式的创新性越高，越有可能取得好的经营绩效。

尽管高创新性商业模式通常会正向影响企业绩效，但它本身所体现的却仅是企业创造并获取价值的独特逻辑，只能带给企业取得良好经营绩效的潜力，而长久保持并高效开发这些潜力还需要企业给予高创新性商业模式以额外支持，确保该模式很难被竞争对手模仿。不少学者认为，资源是商业模式设计与执行的基础，商业模式之所以能为企业带来竞争优势和高绩效，最本质的原因在于企业构建了稀缺、有价值、难以模仿、不可替代的资源结构来支持该模式（George and Bock，2011；Mezger，2014；Kim and Min，2015），如果企业家只关注“商业模式的价值逻辑”，忽视“价值逻辑的资源结构”，容易导致商业模式成为空中楼阁，难以落地。不同商业模式往往依赖着不同的资源结构（Morris et al.，2005；Brea-Solís et al.，2015），也即商业模式的价值逻辑需要与资源结构相匹配，高匹配度意味着资源结构能够很好地支持该商业模式，更有可能带来好的企业绩效，而低匹配度则意味着相反的支持效果与绩效结果。更进一步来说，资源结构形成于企业家的资源整合活动（Sirmon et al.，2007），不同的资源整合方式造就出了多样化的资源结构。这意味着，商业模式与资源结构的匹配度高低取决于企业家所采用的资源整合方式能否为特定商业模式带来合适的资源结构，因而本书认为，企业家所采用的资源整合方式不同是导致高创新性商业模式呈现差异化绩效结果的重要原因。鉴于此，结合上文分析，有必要探讨高创新性商业模式的边际价值（Marginal Value）是否会伴随创业者对稳定型、完善型、开拓型三种资源整合方式的强调程度增强而提升。

采用稳定型资源整合方式的创业者倾向于长期按照现有做法整合资源，强调对整合形成的资源结构加以不断强化与重复使用，从而达到“熟能生巧”的使用效果，确保企业能够持续保持对现有资源结构的使用优势，但不太注重通过引入新资源来为传统资源结构赋予新的能力（Sirmon et al.，

2007)。稳定型资源整合方式强化现有资源结构的使用，但长期使用该结构却很容易被行业内其他企业模仿，并不具备独特性，所以不太可能为高创新性商业模式提供壁垒式保护，反而可能会约束高创新性商业模式价值逻辑的有效展现。这一方面体现为，稳定型资源整合方式倡导对现有资源结构的高效率使用，但高效率的实现却往往是以牺牲创新为代价的，在很少补充新资源的背景下，会降低新创企业创造出新产品或新交易的数量与可能性，从而导致高创新性商业模式价值创造潜力的下降。另一方面则体现为，现有资源结构支持下的高创新性商业模式很容易被竞争对手所模仿，当在位者开始为该资源结构投入大量资源时，新创企业从高创新性商业模式中获取价值的能力会下降，甚至出现生存艰难的状况。因此，本书认为稳定型资源整合方式负向调节商业模式创新性与新创企业绩效之间的关系。

采用完善型资源整合方式的创业者倡导在现有资源的基础上，更为详细地发掘出这些资源的属性与价值，并将采用新颖的方式将它们整合到一起，从而创造出新的资源结构，强调基于已有资源的逐步创新改进，最终达到“稳健创新”的使用效果，确保企业能够从已有资源中形成新的价值创造能力（Sirmon et al.，2007）。完善型资源整合方式改进了现有资源结构，该结构因融入了新的资源连接方式而展现出独特性，能够为高创新性商业模式提供壁垒式保护，并且又因强调基于已有资源的创新而便于利益相关者有效理解，这都有助于提升高创新性商业模式绩效表现。因此，本书认为完善型资源整合方式正向调节商业模式创新性与新创企业绩效之间的关系。

采用开拓型资源整合方式的创业者倾向于按照全新的方式整合资源，不仅同样强调富有创意的方式组合资源，而且还强调不断补充新资源，从而达到“颠覆创新”的使用效果，确保新创企业可以借助新型资源结构建立起可持续竞争优势（Sirmon et al.，2007）。开拓型资源整合方式带来了与传统资源结构截然不同的新型资源结构，该结构完全由新创企业所独有，模仿成本很高，能够很好地维护高创新性商业模式所带来的先动优势，从而进一步增强新创企业的讨价还价能力，提升企业从高创新性商业模式中获取更多价值的可能性。另外，新型资源结构是驱动企业开展创新活动的重要力量（Paladino，2007），并且开拓型资源整合方式还倡导对新型资源结构进行持续性

改进，因而该结构能够极大提升新创企业创造出新产品或新交易的数量与可能性，增强高创新性商业模式的价值创造能力。因此，本书认为开拓型资源整合方式正向调节商业模式创新性与新创企业绩效之间的关系。

总体而言，本书认为，商业模式创新性越高并不意味着企业绩效越好，这取决于创业者所采用的资源整合方式能否为高创新性商业模式带来合适的资源结构支持。

三、理论模型设计

根据上文的理论探讨，本书构建了一个反映创业者认知图式、环境扫描、商业模式创新性、资源整合方式及新创企业绩效彼此间关系的理论研究模型（见图 3-3），致力于结合战略认知、新制度理论及资源管理理论，分析“创业者认知图式与环境扫描对新创企业商业模式创新性的影响机制”与“创业者的资源整合方式对高创新性商业模式绩效表现的影响机制”两项研究内容。在商业模式设计方面，本书认为，新创企业之所以会设计出创新性不同的商业模式，主要是与企业所处的外部环境状况密切相关，但这些环境状况却并非全部会影响创业者选择，只有引起创业者关注的环境状况才具有影响作用，而关注哪些环境状况则取决于创业者的认知图式。因此，对于商业模式设计而言，创业者认知图式是最具影响力的因素，它决定了创业者关注哪些环境信息以及从这些信息中提取出什么样的知识用于商业模式设计决策。在商业模式创新性与绩效表现关系方面，本书认为，高创新性商业模式绩效结果的差异主要取决于资源整合方式能否为该模式带来合适的资源结

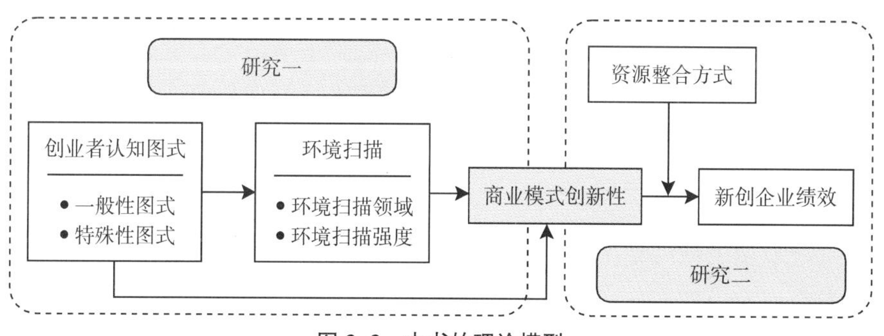

图 3-3　本书的理论模型

构，当资源整合方式无法带来合适的资源结构时，高创新性商业模式执行过程中就无法获得有效的资源结构支持，因而无法取得良好的绩效。也即是说，在不同资源整合方式背景下，高创新性商业模式可能会展现出不同的绩效表现。

如图 3–3 所示，本书理论模型包括两个子研究模型，左边重在探讨创业者认知图式与环境扫描对新创企业商业模式创新性的影响机制，以战略认知的解释逻辑为核心展开分析，同时根据新制度理论将创业者认知图式区分为一般性图式与特殊性图式，结合创新研究将环境扫描区分为扫描领域与扫描强度两个维度。右边重在探讨创业者的资源整合方式对高创新性商业模式绩效表现的影响机制，以资源管理理论为理论基础，将资源整合方式区分为稳定型、完善型与开拓型三个维度。这两个子模型所涉及的研究内容构成了本书的后续两个主要章节，后续章节将重点围绕这两个子模型，对研究变量之间的作用关系假设、变量测量与检验、研究发现等内容加以探讨。

第三节　研究设计

科学的研究结论源自规范且严谨的研究设计，研究设计是一个系统流程，包括提出问题、文献回顾、提出假设、研究方法、数据分析等多个密切关联的环节。前文已经回顾了商业模式的研究发展历程，清晰界定了本书涉及的关键概念，并结合相关理论构建了研究模型，本章将结合研究问题，详细阐述本书在问卷设计、数据收集与检验、分析技术应用等方面的理论依据与工作流程，从而确保研究的科学性。

一、问卷设计

问卷质量的优劣直接影响填答者的态度与行为，这会进一步影响到所收集到数据以及由数据分析所得到的研究结论的可靠性，因而有必要在问卷设计环节投入大量努力。问卷设计工作由研究模型所引导，体现的是在选择合适的测量方式度量研究变量的基础上，对测量题项加以翻译与修正，进而按照特定结构组合编排各类测量题项最终形成完整问卷的过程。该过程遵循一整套科学的设计逻辑，每个设计环节之间密切关联。结合 Churchill（1979）关于量表开发规范的研究观点，研究的问卷设计过程包括四个阶段，每个环节的工作均按照规范范式开展，最大程度上保证整个问卷设计过程的科学性。

第一阶段是探索研究模型与确定测量变量阶段。探索研究方向并构建起研究模型直接决定了后期正式问卷设计的内容。2015 年 3 月至 2017 年 5 月，大量收集、梳理、阅读商业模式与战略认知领域的文献，对于详细阅读的文献做好阅读笔记，对于未详细阅读的文献重点围绕研究主题、研究方法、理论基础进行内容分析编码，对于关键文献进行精读，并对关键文献的全文或重要章节加以翻译。基于上述文献工作，本书进一步围绕所得到的理论知识进行分类与归纳分析，形成规范的学术文章，它们分别刊发于《外国经济与管理》、《管理学报》、《苏州大学学报（哲学社会科学版）》、《第十届管理学年会论文集》中。在掌握商业模式及相关领域的基础知识、研究脉络与发展趋势的基础上，初步提出了本书的研究问题与研究模型，并通过与导师沟通交流，对研究模型进行了多次修改，同时多次在团队例会上报告自己的研究设计，广泛听取团队老师们的宝贵意见。结合各位专家老师们的意见，本书进一步修正完善了研究问题与研究模型，并在此基础上，确定了有待测量的研究构念。

第二阶段是选择测量量表与形成问卷初稿阶段。在该阶段，针对研究模型中所涉及的构念，本书首先系统梳理了出现于国内外顶级期刊中的关于这些构念的测量方法与测量量表，并结合本书的研究问题及研究模型，从中选择出合适的测量方法与测量量表。进一步地，由于本书所选用的量表都是国外量表，因而必须谨慎开展翻译工作，突破文化上、时间上、语言上存在的局限。为此，本书先后开展了如下两项工作：一是作者本人与一位拥有国外访学经历的管理学专业的博士生分别对问卷中所涉及的量表进行了翻译，然后针对翻译不一致的地方，在回溯原文的基础上进行讨论修正，从而确定了翻译的初稿。二是根据谢家琳（2012）的观点，使用权威的现成译本是提升翻译质量的有效手段，对于那些在国内都已有使用的量表，本书通过查阅国内相关研究成果、参考致力于量表梳理工作的书籍、直接联系作者等方式，获得关于这些量表的中文版，并据此进一步对我们的翻译初稿进行修改与润色，确保翻译结果能够准确表达出英文原意。在完成量表翻译工作的基础上，本书对问卷内容的结构化安排上也进行了细致考虑，以有效控制因填答者排斥心理而导致问卷填答质量降低的问题，这主要包括三个方面：一是本书在问卷开始部分设置简单的引导题；二是每个量表填答的引导语力求简单易懂，使用李克特量表的题项，统一设计为 5 级量表，并对每个分值赋予相同的意涵；三是设置探测题，以判断填答者是否认真填答了问卷。

第三阶段是征求学术团队与创业者的意见阶段。在该阶段，笔者在团队例会上对问卷进行汇报，同时咨询了多位擅长使用问卷开展管理研究的专家与博士生，并当面征求了两位创业者的意见。各位老师、同学及创业者针对问卷的整体结构、题项的语言表述等方面提出了改进建议，本书综合这些建议对问卷做了进一步的修改。

第四阶段是预调研阶段。2017 年 6~8 月，本书基于便利抽样原则，主要在北京和山东两地进行了预调研。预调研样本有三个来源：一是经由朋友引荐，通过直接面访形式，到北京对创业者进行调研，这种途径共回收问卷 4 份；二是借助朋友资源，通过发放电子问卷形式，对符合研究要求的创业者进行调研，该途径共收集到 6 份问卷；三是经由朋友引荐，选择清华启迪之星（菏泽）创业孵化基地、IUIA 鲁中国际创客中心、山东龙泉科技创业服务中心共三个创业孵化机构，通过直接面访与委托孵化器负责人代为发放形式，共收集到 13 份问卷。通过三种途径，共收集到 23 份问卷。

第五阶段是对预调研数据进行检验。一方面，本书对核心变量的信度水平进行了检验，并结合 DeVellis（1991）的研究观点对检验结果进行了评价，发现商业模式创新性、环境扫描努力程度、环境扫描持续程度、资源整合方式、新创企业绩效等核心变量的信度水平均大于 0.7（见表 3-2），说明问卷中使用的量表能够有效且可信的度量这些变量，适合在正式的大规模问卷调查中使用。

表 3–2　核心变量的信度水平

变量	样本量	Cronbach's α	检验结论
商业模式创新性	23	0.871	非常好
扫描努力程度	23	0.859	非常好
扫描持续程度	23	0.864	非常好
稳定型方式	23	0.737	相当好
完善型方式	23	0.890	非常好
开拓型方式	23	0.856	非常好
新创企业绩效	23	0.906	非常好

资料来源：笔者整理（样本量=23）。

另一方面，本书借鉴 Zott 和 Amit（2007）的新颖型商业模式量表测量商业模式创新性。Zott 和 Amit（2007）的原始量表应用在编码研究中，近年来有不少国内学者在对该量表进行删减或适当改编后应用到问卷研究中（Wei et al.，2014；Guo et al.，2017；庞长伟等，2015），他们所使用的量表多数并不包括“公司的商业模式十分依赖专属于公司的商业机密和/或版权”“存在着有可能颠覆公司当前商业模式的竞争性商业模式”“贵公司因商业模式所获得的专利数量”“贵公司的商业模式在行业内是否属于首创型商业模式”4 个原始量表中的测量题项。基于这些认识，本书决定关于商业模式创新性的测量量表也删除这 4 个题项。根据谢家琳（2012）的观点，如果删减了原始量表的题项，则必须仔细测试与确认该量表在题项删减后的信度与效度。因此，本书进一步结合预调研数据，对删减后的商业模式创新性测量量表进行信度分析与探索性因子分析。

信度分析的 Cronbach's α 系数为 0.905，信度水平有了显著提升。在探索性因子分析方面，本书借助 SPSS 20.0 软件，采用主成分分析法和方差最大正交旋转来判断构念维度的构成及载荷，提取特征根大于 1 的因子。根据因子分析结果，Bartlett 球形检验值为 118.416，显著性水平为 0.000，KMO 值为 0.766，说明变量的相关矩阵中存在共同因素，适合进行因子分析。如表 3–3 所示，探索性因子分析共得到了 1 个因子，这与先前国内外研究的单因子分析结果一致。除“公司的商业模式提供了新的产品、服务、信息或它们的新组合”外，各条目的因子载荷值均在 0.60 以上，累计解释方差为 58.181%，高于 50%的经验标准（Floyd and Widaman，1995），说明提取的因子可以解释大部分方差。需要说明的是，尽管“公司的商业模式提供了新的产品、服务、信息或它们的新组合”题项的因子载荷并不高，但本书并不将其删除，一方面是因为该题项的因子载荷为 0.483，能够满足一般可接受水平（>0.45）（Comrey，1973）；另一方面是由于该题项是商业模式交易内容维度的重要构成（Amit and Zott，2001），如果将其删除会影响到构念的内容效度。总的来说，这些分析结果表明 9 个题项的量表具有较好的信度与建构效度。

表 3-3 商业模式创新性的探索性因子分析结果

测量题项	因子载荷
公司的商业模式提供了新的产品、服务、信息或它们的新组合	0.483
公司的商业模式中引入了新参与者	0.762
公司的商业模式为参与者提供了新的交易激励	0.892
在公司的商业模式中，参与者和/或商品的多样性和数量是前所未有的	0.813
公司的商业模式采用了新的交易方式来联结参与者	0.773
在公司的商业模式中，参与者之间某些联结丰富度（质量和深度）是新颖的，如传统采购关系转变为合作研发关系	0.682
公司持续地推动商业模式创新	0.720
公司的商业模式还在盈利方式等其他方面表现出了新颖性	0.790
总的来说，我们的商业模式是新颖的	0.872

资料来源：笔者整理（样本量=23）。

结合上述工作，本书形成了最终问卷，详见附录 A。

二、数据收集

（一）调研对象与区域

本书主要是以新创企业商业模式创新性为核心，探讨它的来源与效果。在以往关于商业模式创新的研究中，大多数学者是从互联网行业（Zott and Amit，2007；Punj，2015）与服务业（Morris et al.，2013；Osiyevskyy and

Dewald，2015b）中进行抽样开展研究。这些行业最容易出现创新性较高的商业模式，本书也将主要从中进行抽样。由于本书涉及关于创业者行业经验的分析，以及上述两个行业并非相互排斥关系的缘故，在一个统一标准下更为详细地划分行业类型十分必要。鉴于此，本书主要从服务业中进行抽样，并以国家统计局发布的《国民经济行业分类》（GB/4754—2011）中的行业分类为标准，做了如下界定：根据国家统计局印发的《三次产业划分规定的通知》（国统字〔2012〕108号）文件，服务业也就是第三产业，除了包括国民经济行业分类代码从F~S的门类行业，如“批发和零售业”（F）、“住宿和餐饮业”（H）、“文化、体育和娱乐业”（R）等，还包括农、林、牧、渔业中的“农、林、牧、渔服务业”（A05），采矿业中的“开采辅助活动”（B11），制造业中的“金属制品、机械和设备修理业”（C43），互联网行业隶属于上述行业中的信息传输、软件和信息技术服务业中的（I64）。

本书关注新创企业的商业模式设计与绩效问题，当前理论界多以成立年限作为界定新创企业的标准，但却并未达成共识，4年（Baum et al.，2011）、6年（Zahra et al.，2000）、8年（McDougall et al.，1994）、10年（Covin and Slevin，1989）都曾被学者们用来作为标准。在商业模式研究中，新创企业最终商业模式的确立一般需要花费5年左右的时间，这期间创业者会根据自身关于商业模式的已有认识以及对当前环境需求的跟踪评价，不断尝试多种商业模式，这些模式彼此之间通常具有很大的相似性（Andries et al.，2013）。创建时间较长的新创企业创业者会从商业模式执行过程中获得新的商业模式知识，这些知识将取代本次创业之前所积累的商业模式知识，而且受到这些新知识影响，新创企业商业模式很有可能已经发生了改变（Velu and Stiles，2013）。由于本书关注创业者先前商业模式经验知识对商业模式设计结果的影响，因而在权衡传统新创企业成立年限标准研究观点的基础上，选择成立年限在4年以内的新创企业作为研究样本。由于本书的正式调研时间是2017年12月至2018年2月上旬，因而以2018年作为计算成立年限的基准，将调研对象界定为在2014年1月1日至2017年12月31日之间成立的新创企业创业者。需要说明的是，虽然本书的样本企业成立时间较短，但Chesbrough（2007）指出，企业在任何时点都有商业模式引导其开展业务经营活动，因而本书的研究样本也适用于商业模式绩效影响机制研究。另外，对于符合成立年限标准的新创企业，本书并不限定它们的规模大小，但要求创业者必须是全职创业，有雇佣员工，完全实行企业化运作，而且是能够在国家企业信用信息公示系统网站中具体查询到的法人企业。因此，兼职创业、个体工商户等不在本次调查的样本范围内。

由于本书的研究问题是以商业模式创新性为核心，并且主要从服务业中选取调研对象，因而调研区域将选择服务业发达或创新活跃度较高的地区。服务业的发达程度通过服务业所占当地 GDP 比重来判断，根据《中国统计年鉴（2016）》的数据，2015 年该比重在省域层面排名前十位的依次为北京、上海、西藏、海南、山西、天津、黑龙江、广东、浙江、甘肃（见表 3-4）；创新活跃程度根据“中国创新创业指数”在 2017 年 7 月 24 日的数据来判断，[①] 该指数在省域层面排名前十位的依次为北京、上海、广东、江苏、浙江、山东、天津、四川、福建、湖南（表 3-4）。参考上述两项排名，在结合自身已有资源的基础上，本书选择北京、天津、山东作为调研区域。

表 3-4　服务业发达程度及创新活跃度排名前十位的地区

排名	服务业占当地 GDP 比重排名		中国创新创业指数排名	
	地区	比重（%）	地区	得分
1	北京	79.7	北京	780
2	上海	67.8	上海	719
3	西藏	53.8	广东	719
4	海南	53.3	江苏	691
5	山西	53.2	浙江	659
6	天津	52.2	山东	576

① 中国创新创业指数是由 36 氪与中国经济研究院、中国科学院大学大数据挖掘与知识管理重点实验室共同编制发布，该指数主要由环境、人才、资本、活跃度、健康度五部分组成，收集了全国 334 个地级市、超过 50000 家优质创业公司的数据，以及政府公布的数据，应用大数据技术整理海量微观企业级数据，旨在评估中国以及各个地区的创新创业大环境，为投资人找到合理的投资区域，为政府创新创业决策提供依据。36 氪创办于 2011 年 7 月，目前已成长为国内极具影响力的科技创新企业综合服务集团。

续表

排名	服务业占当地 GDP 比重排名		中国创新创业指数排名	
	地区	比重（%）	地区	得分
7	黑龙江	50.7	天津	544
8	广东	50.6	四川	529
9	浙江	49.8	福建	521
10	甘肃	49.2	湖南	519

资料来源：笔者整理。

（二）调研过程

在确定调研对象与调研区域后，本书通过三种途径收集数据。第一种途径是委托专业的市场调研公司在天津市收集数据。通过熟人介绍方式，确定天津市联合威道管理咨询有限公司承担本书的调研工作，该公司是专业化的市场调研服务机构，已承担过多项学术研究调查项目，具有很好的客户口碑。第二种途径是笔者通过朋友关系，在山东联系了韩都衣舍智汇蓝海、微软济南金融科技孵化平台、启迪之星（新泰）、青岛拓普产教园四家孵化器的相关负责人，通过登门拜访与委托朋友拜访形式向孵化器负责人详细阐述了调研的目的与内容。在得到他们的认可后，委托他们向孵化器内满足本书样本要求的创业者发放纸质问卷或电子问卷，并汇总交给笔者。第三种是笔者本人委托创业朋友填答纸质问卷或电子问卷。

本次调研的时间为 2017 年 12 月至 2018 年 2 月上旬。为了确保数据收集过程的科学性与有效性，本书在调研前后采取了如下两种方式加以控制：

首先是调研前控制，这主要是为了保证来自于调研公司的数据具有较高质量。第一，在正式调研之前，通过面谈形式与调研公司项目负责人就调研方案和执行细节进行讨论与协商，并在此基础上对参与本书的督导员进行培训；第二，要求访问员采取询问填答形式来完成问卷，访问员需在问卷上填写编号及本人签名，并特别确认受访者联系方式是否填答完整。

其次是调研后控制。一方面，针对所有回收到的问卷，笔者登录国家企业信用信息公示系统网站，逐一核对问卷中的样本公司是否属于法人企业，创建年份是否符合本书要求，如果并非法人企业或企业创建年份不符合要求，便将该份问卷视为无效问卷。另一方面，对于来自于调研公司的问卷中，笔者对于所有问卷进行电话回访核对，而对于委托孵化器负责人发放的问卷，则抽取30%的问卷进行电话回访，复核受访者的姓名、企业名称、是否接受了面访，如果出现不一致的情况，则该份问卷被视为无效问卷。

（三）调研结果

在上述这些工作基础上，调查公司在天津共拜访了310家企业，反馈给笔者169份问卷，回收率为54.52%；笔者委托四位孵化器负责人共发放了75份问卷，回收了60份问卷，回收率为80%；笔者本人委托创业朋友填答了13份问卷，回收了13份问卷，回收率为100%。

进一步地，本书先后采用两种方式对所回收的问卷进行筛选。首次筛选主要通过登录国家企业信用信息公示系统网站查询，对调研企业是否属于法人企业、创建年限与调研区域是否符合本书要求、是否存在题项未填答等情况进行审核，不符合要求的问卷将被剔除。首次筛选共剔除了18份无效问卷，详细情况见表3-5。二次筛选主要是对首次筛选后的问卷进行了电话回访，来自调研公司的问卷，笔者逐一进行电话回访，而来自委托孵化器负责人发放回收的问卷中，笔者抽取30%的样本企业进行回访。回访过程中发现，韩都衣舍智汇蓝海、微软济南金融科技孵化平台、启迪之星（新泰）三家孵化器的问卷回访成功率为100%，但青岛拓普产教园的问卷回访成功率很低，因而笔者临时决定对青岛拓普产教园的问卷进行逐一电话回访，对于所有否认填答、电话错误、停机或空号、不接电话、未提供电话号码的问卷均视为无效问卷。通过电话回访，二次筛选共剔除了77份无效问卷，详细情况如表3-5所示。

表3-5 调查问卷筛选情况统计

		调研公司（家）	委托孵化器负责人（人）	委托创业朋友（人）
回收数		169	60	13
首次筛选	网站查询不到		1	
	个体工商户或分公司	3		
	创建年限不符合要求	1	6	3
	所在地区不符合要求		1	
	大面积题项未填答		3	

续表

		调研公司（家）	委托孵化器负责人（人）	委托创业朋友（人）
二次筛选	电话无人接听	5	2	
	停机、空号或关机	6	3	
	电话号码错误	58	1	
	否认填答		2	
删除数		73	19	3
剩余数		96	41	10

资料来源：笔者整理。

基于上述工作，本次调研采用三种途径共从北京、天津、山东三个地区回收了 242 份问卷，最终核实的有效问卷为 147 份，问卷回收有效率为 60.74%。其中：从调研地区来看，北京的有效问卷 5 份，天津的有效问卷 96 份，山东的有效问卷 46 份；从调研途径看，调研公司有效问卷 96 份，委托孵化器负责人发放有效问卷 41 份，笔者本人委托创业朋友填答的有效问卷 10 份。调查问卷总体回收情况如表 3-6 所示。

表 3-6 调查问卷总体回收情况统计

		问卷回收数（份）	有效问卷回收数（份）	问卷回收有效率（%）
调研地区	北京	7	5	71.43
	天津	169	96	56.80
	山东	66	46	69.70
调研途径	调研公司	169	96	56.80
	委托孵化器负责人	60	41	68.33
	委托创业朋友	13	10	76.92
合计		242	147	60.74

资料来源：笔者整理。

最后，根据调查问卷总体回收情况统计，发现来自北京市的有效问卷仅有 5 份，这与天津市的 96 份及山东省的 46 份有着很大差距。新创企业所在地区是本书的控制变量之一，会参与到正式的假设检验数据分析环节当中，这种不平衡性很有可能影响到研究的数据分析质量与结果，因而本书的正式数据库将删除这5份问卷，最终剩余142份有效问卷。

（四）样本同质性检验

另外，本书最终的有效样本通过三种不同的途径收集而来，这有可能会影响样本的独立性和有效性。为了确保样本来自于同一个母体，有必要对样本的发放途径进行样本方差同质性检验。为此，本书采用单因素ANOVA检验来分析来自三种收集途径的样本是否存在显著差异。检验结果参见附录B。根据检验结果，尽管在个别项目上有些差异，但从总体上看，采用不同途径收集的样本在各个变量上的填答结果并不存在显著差异，说明样本大致属于同一母体，采用不同途径收集的样本不会显著影响分析结果。

三、样本特征的描述性统计和有效性分析

（一）样本特征的描述性统计

本书对样本数据进行了描述性统计分析，以了解受访者及新创企业的基本特征分布。

表3–7　创业者特征的描述性统计

变量	类别	数量及比例
性别	男	82（57.7%）
	女	60（42.3%）
年龄	25岁及以下	8（5.6%）
	26~30岁	33（23.2%）
	31~35岁	57（40.1%）
	36~40岁	30（21.1%）
	41岁及以上	14（9.9%）
教育水平	高中/中专及以下	5（3.5%）
	大专	42（29.6%）
	大学本科	76（53.5%）
	硕士	17（12.0%）
	博士	2（1.4%）

资料来源：笔者整理（样本量=142）。

表 3-7 统计了受访创业者的基本特征信息。由该表数据可知，男性和女性的创业者比例分别为 57.7%和 42.3%，男性与女性创业者的比例为 1.36，这与全球创业观察组织（GEM）的《全球创业观察 2016/2017 报告》中的“早期阶段创业活动中的男性与女性创业者的比值”基本持平（GEM，2017）。从创业者的年龄和教育水平来看，35 岁及以下的创业者占到了 68.9%的比例，有 66.9%的创业者拥有大学本科及以上学历，说明拥有较高学历水平的年轻创业者居多。总的来说，受访创业者的特征数据较为符合正态分布，具有代表性，可以据此开展相应的研究。

表 3-8　新创企业特征的描述性统计

变量	类别	比例
企业年龄	1 年	28（19.7%）
	2 年	47（33.1%）
	3 年	39（27.5%）
	4 年	28（19.7%）
地区	天津	96（67.6%）
	山东	46（32.4%）
行业	信息传输、软件和信息技术服务业	26（18.3%）
	批发和零售业	29（20.4%）
	租赁和商务服务业	27（19.0%）
	其他	60（42.3%）
创建时的资产规模	50 万元以下	23（16.2%）
	50 万~99 万元	10（7.0%）
	100 万~499 万元	63（44.4%）
	500 万~999 万元	22（15.5%）
	1000 万元及以上	24（16.9%）

资料来源：笔者整理（样本量=142）。

表 3-8 统计了样本企业的基本特征信息。由该表数据可知，成立年限在 3 年及以下的企业所占比例为 80.3%，总体成立时间较短，能够较好地保障当前新创企业商业模式较创建时并未发生显著变化。从地区分布看，来自天

津的样本企业较多，共计占据67.6%的比例。从企业所处的行业来看，“信息传输、软件和信息技术服务业”“批发和零售业”“租赁和商务服务业”三个行业的样本企业所占比例为57.7%。最后看样本企业的规模大小，有76.8%的企业在创建时的资产规模在100万元以上。总的来说，本次调研样本的分布具有广泛性和代表性，基于这些数据开展研究的结论可以接受，具有较好的普适性效果。

（二）共同方法偏差分析

由于本书所收集的数据均是来自受访者的自我汇报，这有可能导致共同方法偏差问题。为了降低该问题，本书通过如下几种方式来尽量避免。第一，问卷中设置了很多客观变量，如创业者工作经历、新创企业主营业务等，并且还设置了多种形式的题项，如单选与多选、李克特量表、开放性填答等。第二，设置反转题与验证题，以尽量克服受访者的思维惯性，并验证受访者是否认真进行了填答。例如，在测量环境扫描领域时，除了让受访者根据实际情况将100分分配到不同的环境扫描领域中之外，在问卷其他部分还设置了两个5点李克特量表式的验证题，以检验受访者前后填答的一致性。第三，在问卷指导语部分，明确指出本次调研仅用于学术研究，填答没有对错之分，我们会对信息严格保密，以避免受访者因出于保护隐私或宣传自己考虑而出现填答偏差。

进一步地，本书采用哈曼单因子检测方式对共同方法偏差进行了数据检验。使用该方法的检验步骤是，首先将所有变量放到一起进行未旋转的探索性因子分析，进而根据因子分析结果，如果一个因子的解释力非常大，则可以判定数据存在着较为严重的共同方法偏差问题。本书运用SPSS 20.0软件进行了分析，结果显示，KMO为0.771，卡方值为3281.256，自由度为1081，显著性水平为0.000，在未旋转时共得到13个因子，第一个因子的解释力为21.241%，并未占到多数，说明本书的共同方法偏差在可接受的范围之内。

四、数据分析方法

上述分析表明，样本特征具有较好的代表性，可以进一步运用统计工具开展假设检验分析。本书根据问卷调查数据，构建了研究的数据库，并主要

利用 SPSS 20.0 软件来进行描述性统计分析、信度检验、相关分析、中介效应分析、调节效应分析，同时配合使用 Mplus 7.0 软件进行验证性因子分析，检验样本数据与理论预期的拟合程度。下文将主要对因子分析、中介回归分析、调节回归分析四种数据分析方法进行简要说明。

第一，因子分析的主要目的是检验问卷测量的效度，基本思想是从变量群中提取出公共因子，描述公共因子与每个变量之间的相关程度，而根据这种相关程度的高低，一方面能够通过降维展现出那些无法直接测量的隐性变量，另一方面也能够展现每个变量对不同因子的意义的贡献大小，有助于判断数据情况与理论预期的关系。因子分析包括探索性因子分析与验证性因子分析，前者是在不清楚因子结构的情况下，通过对调查数据的统计分析来确定因子数目和结构，适合于在不成熟量表中使用，后者则是已知因子结构，检验实现定义的因子模型与实际数据之间的拟合程度，适合于在比较成熟的量表中使用。本书所采用的量表都是在国内外已经得到较为普遍使用的成熟量表，因而适合直接采用验证性因子来分析变量的因子个数与因子载荷是否与理论预期相一致，从而判定问卷测量的效度水平。

第二，本书采用中介回归技术来检验关于商业模式设计机理研究的理论假设。中介回归分析的目的在于检验自变量对于因变量的作用机理，如果自变量 X 对因变量 Y 的影响是通过一个中间变量 M 实现的，那么变量 M 就是中介变量。根据这个理解，一个完整的中介效应模型包括两个关键部分：一是自变量 X 与因变量 Y 之间具有因果逻辑关系。二是中介变量 M 传递了 X 对 Y 的作用。在检验中介效应之前，应首先确定 X 与 Y 两个变量之间存在因果关系，并保证两者的关系并非虚假的相关，否则没必要开展进一步的统计分析工作。在检验中介效应时，当前研究多是采用 Baron 和 Kenny（1986）的方法，共包括三个步骤（见图 3-4）：一是自变量 X 显著影响因变量 Y，即 b_1 显著不等于 0；二是自变量 X 显著影响中介变量 M，及 b_2 显著不等于 0；当控制 M 后，X 对 Y 的影响应等于 0（$b_3 = 0$），或者显著降低（$b_3 \leqslant b_1$），并且 b_4 应显著不等于 0。此时，若 $b_3 = 0$，则 M 是一个完全中介变量；若 $b_3 \neq 0$ 而且 $b_3 \leqslant b_1$，则 M 是一个部分中介变量；若 $b_3 \geqslant b_1$，则 M 并不是 X 与 Y 之间的中介变量。

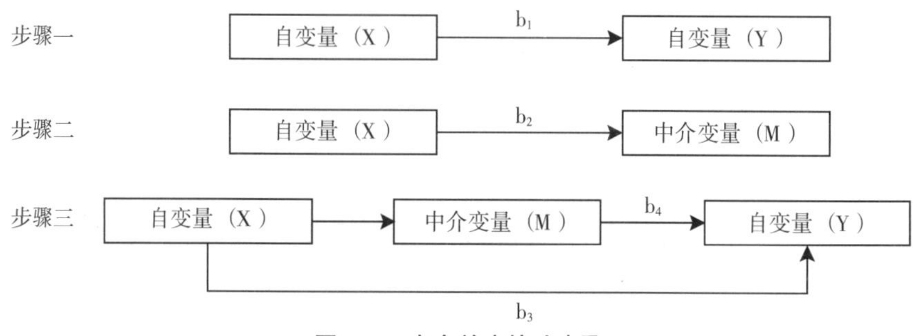

图 3-4　中介效应检验步骤

第三，本书采用调节回归技术来检验关于商业模式创新性与绩效关系研究的理论假设。调节回归分析的目的在于检验自变量作用于因变量的边界条件，如果变量 M 对自变量 X 与因变量 Y 之间的关系产生影响，则 M 就是调节变量。采用回归技术检验调节效应之前应对数据加以更为细致的处理，除了将类别变量转化为虚拟变量之外，还应对连续变量进行中心化或标准化处理，以有效避免方程中变量间的多重共线性问题（Belsley et al.，1980）。本书的调节变量属于连续变量，因而首先应对数据进行中心化处理。对数据进行处理之后，需要根据中心化数据构建自变量与调节变量的成绩项。进而，构建回归方程，将自变量、因变量、乘积项均放入多元层级回归方程中，如果乘积项的系数显著，则可以判定调节效应显著。需要注意的是，在进行调节回归分析时，还应考虑自变量和调节变量的测量级别。Baron 和 Kenny（1986）将测量级别区分为了四种类型：①自变量与调节变量都是类别变量；②自变量是连续变量，调节变量是类别变量；③自变量是类别变量，调节变量是连续变量；④自变量和调节变量都是连续变量。不同的测量级别应选择不同的分析方法，本书属于第四种类型，可以直接通过引入乘积变量的方法来开展线性或非线性回归分析，在非线性回归分析中，还需引入调节变量的平方项。

第四章　新创企业商业模式设计的认知机制研究

本章以创新性高低为标准来衡量新创企业商业模式设计结果，在理论推导创业者认知图式、环境扫描与商业模式创新性之间的假设关系的基础上，通过对调查数据进行统计分析来验证这些理论假设。本章关注如图 3–3 所示的理论模型的左侧“研究一”部分，图 4–1 是本章的具体研究模型，注重于解释创业者认知图式与环境扫描两类认知要素的特征对新创企业商业模式创新性的影响机制，以回答本书的第一个研究问题：创业者认知图式与环境扫描如何影响新创企业商业模式创新性？

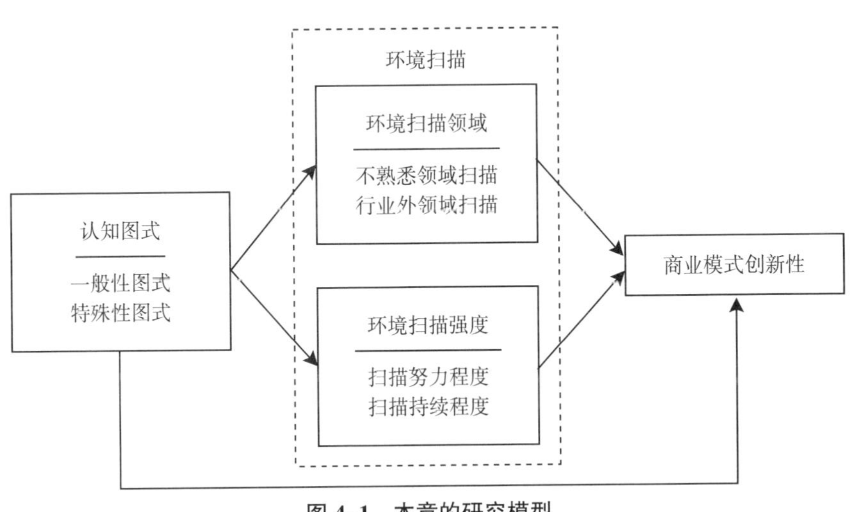

图 4–1　本章的研究模型

本章的内容安排如下：首先以战略认知研究观点为主要的理论逻辑，借鉴新制度理论观点，并结合先前研究发现，对变量间关系进行理论推导，构建研究假设；其次详细介绍研究变量的测量手段及本章研究所用到的分析方法；最后对数据统计分析结果进行了解释与讨论，并总结了研究发现与后续研究建议。

第一节 理论推导与假设构建

结合前文分析，新创企业商业模式主要是由当前创业者头脑中关于商业模式的认知图式所决定，创业者基于这些认知图式所开展的认知活动塑造形成了不同的商业模式。以往研究已经关注了类比推理、概念连接等创业者的独特认知活动对商业模式设计的促进作用，但这些认知活动所体现的却仅是创业者如何在头脑中组合编排已有的商业模式认知图式，并未考虑外部环境的影响。商业模式决定着新创企业以何种姿态开始业务经营，因而其设计过程必然不是创业者头脑中简单的空想，这意味着创业者在对已有商业模式认知图式的组合编排过程中会考虑外部环境因素的影响。根据这一判断，本书聚焦于从认知视角考察商业模式设计过程，并综合定位视角研究观点，认为外部环境信息同样在创业者认知活动中扮演着重要角色，力图更为系统地揭示创业者认知特征与新创企业商业模式创新性之间的理论关系，构建起有待验证的研究假设。

一、创业者认知图式与商业模式创新性

新制度理论将制度视为理所当然（Taken-for-granted）的行动路线，该行动路线就像是一个“铁的牢笼”，不仅为行动者带来了保护，也使他们不太可能做出违背制度准则的行为，最终使得行动者做出同质性的决策（DiMaggio and Powell，1983）。行业当中的主流商业模式就是这样一种行动路线，它会对资源、信息等商业模式设计物质要素加以过滤，影响商业模式设计结果（Tikkanen et al.，2005）。创业者的一般性图式越多，说明他们在创业活动目标行业中的工作年限越长，这使得他们非常熟悉主流商业模式，

并且基于该模式与当前行业在位者建立了密切关系。这种关系网络与熟悉感会为创业者带来强有力的路径依赖效应，驱使他们以主流商业模式为参考对象来开展设计工作。

一方面，新创企业要想顺利进入市场并得到在位者的认同，就必须争取到合法性认可（DiMaggio and Powell，1983），只要能够获取合法性，那么也就意味着它们跨越了行业门槛约束。合法性认可并不容易获得，创业者可能会实施稳健化设计策略，模仿属于创业活动目标行业在位者可控范围内的主流商业模式，从而有效规避因应用创新性高的商业模式而可能遭受到的强有力抵触（Hargadon and Douglas，2001）。在 Cliff 等（2006）的研究中，学者们认为，强烈遵循与维护所处行业主流经营逻辑的创业者易成为模仿型创业者，他们在行业主流经营逻辑的影响下所做出的战略决策（如商业模式设计）往往呈现出趋同化现象。

另一方面，资源获取是保障新创企业顺利成长的关键，若创业者能够与所在行业的在位者形成十分紧密的关系，那么他们不仅可以直接获得在位者的资源支持，而且还可以为自己树立起较高的行业地位，这种地位有助于他们间接得到其他利益相关者的认可与支持。因此，一般性图式会驱使创业者倾向于坚守与维护行业内主流商业模式，以确保自身与在位者的良好关系得到长期保持（Zott and Amit，2007）。例如，结合 Weber 和 Glynn（2006）的研究，行业主流商业模式不仅会以制度约束的形态出现，而且也是创业者认识环境的“感觉器官”（Sensory Apparatus），创业者可据此来提取环境线索，从而能够有效开展关于商业模式的意义建构活动；在 Chesbrough 和 Rosen-bloom（2002）的研究中也得到了类似的结论，两位学者发现，Documentum 公司很看重自身的商业模式能否与在位者施乐公司的软硬件平台良好兼容，提升这种兼容性后，能够为施乐公司技术资源与销售渠道资源提供大力支持。

更深层次来说，熟悉感意味着安全可靠与快捷方便，这会导致创业者在情感层面认可行业内主流商业模式。创业者并非在认知“白板”状态下构思商业模式，会从现有模式中寻找灵感（Weber and Glynn，2006），创业活动目标行业主流商业模式经验的长期积累会使该模式易于回忆、提取、理解，为创业者提供了重要的设计线索，并且往往也是创业者认识环境的首选标准。主流商业模式是已被证实的在目标行业内企业开展业务活动的成功做法，通过复制这种做法，创业者会有较高的把握来实现对支撑价值创造活动系统的资源与能力加以高效率配置（Amit and Zott，2015）。反映到情感层面，基于熟悉的认知图式构思商业模式，而且这种关于商业模式的认知图式又恰好适合于当前行业时，创业者会感到十分的安定舒适，能够从主流商业模式中获益则会使其感到愉快满意。这意味着，主流商业模式会带给创业者正向的情感感受，而作为反馈，创业者会在情感层面上提升对主流商业模式的认可（Sosna et al.，2010）。深厚的情感是维系制度稳定的重要保障，高度的情感层面认可意味着行动者会给予当前制度安排以极高的精神层面支持，不会做出偏离当前制度安排的决策（Voronov and Vince，2012），因而当主流商业模式仍具有盈利潜质时，一般性图式越丰富，创业者就越不会有多少激情去放弃该模式转而追求充满不确定性的高创新性模式。

总之，一般性图式越丰富，创业者越认可创业活动目标行业的主流商业模式，并将该模式视为商业模式设计活动的合法性标尺，而且长期基于主流商业模式开展工作也会使创业者对该模式产生情感依赖。基于此，本书提出如下假设：

假设 1a：一般性图式与商业模式创新性负相关。一般性图式丰富程度越高，创业者越会倾向于采用与创业活动目标行业主流商业模式相似的商业模式，越不可能设计出高创新性的商业模式。

新制度理论认为，制度并非一成不变，拥有较多场域外经验的行动者会热衷于对现有制度发起挑战（Cliff et al.，2006）。创业者的特殊性图式越丰富，越表明他们积累了丰富的行业外经验，不容易受到创业活动目标行业的主流商业模式约束，这有助于拓展自身的想象力空间，使其能够发现并敢于揭示主流模式存在的不足，设计出高创新性的商业模式。

行业主流商业模式的改变有赖于创业者的反思行为（Reflexivity），而先前经验的独特性程度则决定着反思水平的高低（Mutch，2007）。特殊性图式源自创业者先前所积累的不同于当前行业工作特征的经验，这种新颖性使得特殊性图式与创业活动目标行业环境在表面上往往很难形成匹配（Schwenk，

1988）。然而，对于来自行业外的创业者而言，特殊性图式是进行商业模式设计的主要参考标准，在没有合适替代物的情况下，他们仍会坚持依据该图式来做出决策。由此，创业者不得不去更深入地分析特殊性图式与目标行业创业环境的结构化匹配程度（Jones and Casulli，2014），这属于较高水平的反思行为，使他们容易发现对目标行业主流商业模式加以革新的机会。例如，Martins 等（2015）对特斯拉、星巴克、百思买等 6 家企业的原创性商业模式生成过程的分析发现，当创业者或管理者拥有不同行业或不同类型的商业模式图式时，尝试对这些图式富有创造力的加以组合能够塑造出高创新性的商业模式。

反思行为的背后是创业者对利益的诉求。目标行业主流商业模式可能会与创业者的主导价值系统产生冲突，导致创业者认知失调，这是引发商业模式创新的重要原因（Seo and Creed，2002）。解决认知失调的前提是拥有对目标行业主流商业模式的可行替代方案。然而，来自行业内的创业者受到主流商业模式约束，往往没有替代方案可选，只能以被动的方式去自我调整。相反，来自行业外的创业者并不将目标行业主流商业模式视为必然遵循的准则，丰富的特殊性图式能够引导他们开发出可行的替代方案，因而在感受到主流模式不利于自身创业活动开展时，会从绩效层面与道德层面对该模式的合法性地位提出强烈质疑（Cliff et al.，2006）。这种质疑会进一步驱使来自行业外的创业者去积极揭示主流商业模式的不足，并基于结构化匹配方式开发符合自身利益的新商业模式（Greenwood et al.，2002）。换言之，来自行业外的创业者往往具备丰富的特殊性图式，而这些特殊性图式又会为其提供在创业活动目标行业内追逐利益的基础，使他们拥有颠覆主流商业模式的野心。不少商业模式研究也证实了这一点，如 Osiyevskyy 和 Dewald（2015a）指出，来自不同产业的经验知识会为创业者带来认知柔性，使其更易于采用破坏式商业模式设计方案；Gerasymenko 等（2015）也认为，投资者所具有的商业模式创新经验知识会丰富创业者的知识结构，使其愿意通过高创新性的设计方案来开发商业机会。

总之，对于特殊性图式的丰富程度越高，创业者越容易发现创业活动目标行业的主流商业模式通常无法为其带来利益，这会激发出创业者的创新动机，他们会通过反思与结构化分析活动来质疑并颠覆目标行业主流模式。基于此，本书提出如下假设：

假设 1b：特殊性图式与商业模式创新性正相关。特殊性图式丰富程度越高，创业者越可能设计出不同于创业活动目标行业主流商业模式的高创新性的商业模式。

二、环境扫描领域的中介效应

一般性图式会驱使创业者将创业活动目标行业主流商业模式视为必须遵守的制度安排，他们会据此限定环境扫描的领域范围。

其一，主流商业模式的制度属性使其在创业者头脑中拥有权威地位，该地位意味着主流模式是正确模式的代表（Chesbrough and Rosenbloom，2002），这为基于此的包含认知偏差的环境扫描活动赋予适当性。根据战略认知研究观点，认知偏差降低了创业者环境扫描的领域范围。具体来说，一是一般性图式的丰富程度越高，意味着创业者拥有较为丰富的行业主流商业模式知识，这些知识在他们的头脑中很容易被回忆起来。另外，由于恰是在相同行业中开展创业活动的缘故，创业者会很自然地展现出可得性偏差（Kahneman and Tversky，1973）。在商业模式设计过程中十分看重自己所熟悉的与主流模式相关的信息，不考虑这些信息是否真正有价值。相反，不熟悉的信息意味着高度不确定性（Jones and Casulli，2014），创业者无法根据已有认知图式来判断这些信息所反映出的是威胁还是机会，因而很难对它们实施有效控制，会倾向于忽视不熟悉信息。二是来自行业外的信息通常并不能够与创业者所极力支持的行业主流商业模式形成良好匹配关系，但行业内信息却可以较为容易地被归类到行业主流商业模式范畴中，在代表性偏差的影响下，创业者选择注意那些能够有力支持主流模式的信息，并自动忽略可能危害该模式的信息证据（Kort and Vermeulen，2008）。

其二，主流商业模式的制度属性也要求创业者必须严谨细致地去理解该模式，以确保在“合法”框架内追求竞争层面的设计（Amit and Zott，2015），这驱使创业者去广泛收集关于主流模式的信息。当创业者的一般性图式的丰富程度高时，他们会发现主流商业模式也并非不能改变，相反，为了维系主

流模式的优越性，应当不断进行局部调整（Weber and Glynn，2006）。这种局部调整体现在认知层面上会有一个认知改变临界点，在达到临界点前，创业者需考虑如何更好地适应主流模式，这就要求其聚焦于收集行业内信息，以不断丰富关于主流模式的信息库，提升主流模式的效力（Cavalcante et al.，2011）。总体来看，拥有丰富的一般性图式的创业者的认知偏差使其环境扫描的目标领域十分明确，而致力于维护主流商业模式的又进一步强化了这种认知偏差的效果。

基于上述分析，本书提出如下假设：

假设 2a：一般性图式与不熟悉领域扫描负相关。一般性图式丰富程度越高，创业者越不可能在不熟悉领域开展环境扫描活动。

假设 2b：一般性图式与行业外领域扫描负相关。一般性图式丰富程度越高，创业者越不可能在行业外领域开展环境扫描活动。

特殊性图式带给创业者的商业模式设计方案并非来自甚至可能不适合用于当前创业活动目标行业，但这种方案却同样具有制度属性，创业者对此十分熟悉并长期从中获益，会努力将它有效应用于新的创业领域（Chesbrough and Rosenbloom，2002）。战略认知研究认为，无论企业家的认知图式对于战略决策具有多么重要的决定性作用，这种作用的发挥都需要借助对企业所在行业的环境扫描活动来实现（Hambrick，1982）。创业者的特殊性图式越丰富，他们收集并分析行业内信息越体现为是在不熟悉领域开展环境扫描活动。更进一步说，特殊性图式会导致创业者在创业活动目标行业中设计商业模式时，能够较为容易地发现自己所坚持的设计方案很难直接应用于当前行业（Schwenk，1988），而在不轻易放弃该方案的前提下，他们必须通过从行业内收集那些对于自己而言尚不够熟悉的信息以找到应用这一方案的切入点。

然而，仅仅关注来自行业内的不熟悉信息并不足够，并且也往往不利于新创企业成长。主要原因在于：一是新创企业作为行业新进入者，即使能够获得并清晰理解该行业的所有关键信息，依然会受制于该行业在位者，难以取得竞争优势；二是过于关注行业内信息会冲淡对独特商业模式设计方案的坚持，这意味着主动放弃自己所擅长的竞争武器。因此，创业者的特殊性图式越丰富，他们收集创业活动目标行业信息的目的越倾向于了解该行业，但并不会认同该行业的主流商业模式，他们拥有的其他行业经验更会使其热衷于以开放性方式关注不同行业信息。对主流商业模式的质疑是新模式开发的起点，而这通常是由拥有行业外经验的创业者最先发起（Cliff et al.，2006）。然而，尽管创业者在“摆脱主流商业模式束缚”这一目标上是明确的，但在“创造新商业模式”这一最终目标上却是模糊的（Greenwood et al.，2002），他们难以对关键信息进行精确定位，也难以确定对不同来源信息的使用程度，因而不得不参考多个行业商业模式设计逻辑来开展实验活动（Aldrich，1999），而验证实验假设的需求则会进一步拓展环境扫描的行业领域（Andries et al.，2013）。例如，Martins 等（2015）研究发现，在星巴克尝试建立“咖啡吧”商业模式的过程中，尽管主要借鉴并广泛收集了酒吧的商业模式信息，但同样也参考了画廊的商业模式设计方案。

基于上述分析，本书提出如下假设：

假设 2c：特殊性图式与不熟悉领域扫描正相关。特殊性图式丰富程度越高，创业者越可能在不熟悉领域开展环境扫描活动。

假设 2d：特殊性图式与行业外领域扫描正相关。特殊性图式丰富程度越高，创业者越可能在行业外领域开展环境扫描活动。

环境扫描活动带给创业者关于环境需求的信息与知识，创业者据此构思商业模式。借鉴创新领域学者的观点（Katila，2002；Maggitti et al.，2013），创业者在不熟悉领域与行业外领域开展环境扫描活动时，会积累起丰富的新知识储备，这些知识有助于提升他们的创新意向，使他们更有可能设计出高创新性的商业模式。

一方面，从不熟悉领域与行业外领域所获得的新信息与新知识为创业者提供了认识商业模式的新视野，这会使创业者倾向于将新的信息与知识连接到已有的知识结构中，进而构建起全新的商业模式设计方案（Li et al.，2013；Martins et al.，2015）。尽管对新知识与旧知识加以连接并不是一份轻松的工作，但不熟悉领域扫描与行业外领域扫描却无法提供给创业者相关度高的信息及知识，使他们难以获得进行简化决策的机会，因而类比推理、概念连接等创造性决策方式往往是创业者了解环境需求，并据此构思商业模式

的唯一可行方式，这极有可能带来高创新性的商业模式（Jones and Casulli，2014；Martins et al.，2015）。相反，当创业者聚焦于关注行业内熟悉信息时，他们不仅很难知悉其他行业的商业模式信息，从而无法开发出能够替代目标行业主流商业模式的可行方案，而且随着行业内经验的持续增加，创业者还会过度依赖与使用自己所熟悉的与行业主流商业模式相关的认知图式，形成认知惯性，这都将约束创业者设计高创新性的商业模式的意愿与能力（Gerasymenko et al.，2015）。

另一方面，不熟悉领域扫描与行业外领域扫描会提供给创业者诸多新颖信息与设计视野，使他们有机会去广泛了解其他行业的商业模式，并能够认清目标行业主流商业模式存在的不足及修正的机会，质疑主流模式存在的合理性，摆脱对该主流模式"神话"般地位的认识（Cliff et al.，2006）。进一步地，借助新信息与新知识的输入，创业者可以开发出能够替代目标行业主流商业模式的可行方案，追求高额利益会驱使其抛弃主流模式，设计出高创新性的商业模式（Martins et al.，2015）。

总的来说，创业者在不熟悉领域与行业外领域开展环境扫描活动时，不仅能够通过连接新旧知识形成全新的商业模式设计方案，而且还会对创业活动目标行业主流商业模式的合理性产生强烈的质疑，这都有助于设计出高创新性的商业模式。基于此，本书提出如下假设：

假设 3a：不熟悉领域扫描与商业模式创新性正相关。创业者越热衷于在不熟悉领域开展环境扫描活动，越可能设计出与创业活动目标行业主流商业模式相悖的高创新性的商业模式。

假设 3b：行业外领域扫描与商业模式创新性正相关。创业者越热衷于在行业外领域开展环境扫描活动，越可能设计出与创业活动目标行业主流商业模式相悖的高创新性的商业模式。

结合上文分析，从认知图式来看，一般性图式越丰富，创业者就越有可能设计出低创新性的商业模式，并且不太倾向于在不熟悉领域与行业外领域开展环境扫描活动，而特殊性图式越丰富，创业者则越有可能设计出高创新性的商业模式，并且会热衷于在不熟悉领域与行业外领域开展环境扫描活动；从环境扫描看，创业者越热衷于在不熟悉领域与行业外领域开展环境扫描活动，就越有可能设计出高创新性的商业模式，相反则越有可能设计出低创新性的商业模式。基于此，本书提出如下假设：

假设 4a：不熟悉领域扫描在创业者一般性图式与商业模式创新性之间发挥着中介效应。

假设 4b：行业外领域扫描在创业者一般性图式与商业模式创新性之间发挥着中介效应。

假设 4c：不熟悉领域扫描在创业者特殊性图式与商业模式创新性之间发挥着中介效应。

假设 4d：行业外领域扫描在创业者特殊性图式与商业模式创新性之间发挥着中介效应。

三、环境扫描强度的中介效应

一般性图式刻画的是当前创业活动目标行业的主流商业模式，这种商业模式具有制度属性，受到在位者的支持（Aspara et al.，2013）。一般性图式使得创业者并不会在环境扫描活动上投入很多时间与精力，这主要是由主流商业模式制度属性的同形机制所致。结合模仿同形机制，新创企业建立初期通常面临着较高不确定性，而高度的不确定性则会驱使它们模仿行业内现有企业的做法来构思自己的商业模式，在位者是最首要的模仿对象（Di Maggio and Powell，1983）。对于创业者本身而言，他们很熟悉主流模式，也会很自然地选择主流模式指导业务开展（Amit and Zott，2015），而这种选择恰与应对不确定性的模仿同形机制相契合，因而不会被利益相关者所质疑，没有必要收集额外的信息来证实商业模式的合法性。同时，结合强制同形机制与规范同形机制，创业者设计出的商业模式应满足行业内利益相关者及社会文化对自身的期待（Di Maggio and Powell，1983；Aspara et al.，2013），也即有一把公共标尺来衡量新创企业商业模式是否合适，这把公共标尺就是行业内主流商业模式。这意味着，基于主流商业模式开展业务十分安全，一般性图式或导致创业者十分乐于直接接受这把标尺，不会过于主动地收集新信息来挑战主流商业模式。

新制度理论认为，制度一旦被建立起来往往就不会经常发生变动，尽管

剧烈的环境震荡与强烈的利益驱使会引发制度变迁，但通常也是极为耗时耗力的（Maguire et al.，2004；Wijen and Ansari，2007）。基于这一观点，行业主流商业模式也是较为稳固的，当创业者非常熟悉该模式时，他们不会持续收集新信息以应对主流商业模式变化，完全可以基于已有的认识来设计并长久坚持主流商业模式，该模式能够很稳定地支持新创企业成长。换而言之，一般性图式越丰富，创业者越会将行业主流商业模式视为最为满意的设计方案（Aspara et al.，2013；Velu and Stiles，2013），这导致持续搜寻信息并发掘出所有可行的商业模式设计方案并没必要。

基于上述分析，本书提出如下假设：

假设 5a：一般性图式与扫描努力程度负相关。一般性图式丰富程度越高，创业者越不可能努力开展环境扫描活动。

假设 5b：一般性图式与扫描持续程度负相关。一般性图式丰富程度越高，创业者越不可能持续开展环境扫描活动。

新制度理论认为，场域外行动者对场域制度有着全新认识，极易对该制度产生怀疑，是引发制度变迁的重要力量（Garud et al.，2002；Boxenbaum and Battilana，2005；Misangyi et al.，2008）。根据这一观点，特殊性图式导致创业者并不认同行业主流商业模式，会尝试修正甚至颠覆该模式。改变主流商业模式属于制度变革行为，这并不是一件轻松的工作，创业者需要大量收集并理解行业内外信息，形成新知识，以向利益相关者证明主流模式的弊端及新模式的优势（Gerasymenko et al.，2015）。例如，结合 Mason 和 Leek（2008）的研究观点，新商业模式设想源自企业间的知识转移过程，该过程中会形成三种知识形式：一是累积型知识（Accumulation），是指创业者基于所经历的事件所形成的经验知识积累；二是接合型知识（Articulation），是指创业者识别出什么在起作用，什么不再起作用；三是汇编型知识（Codification），是指创业者对某一事件的因果关系的系统了解。Denicolai 等（2014）也认为，企业要想实现商业模式创新，除了应重视自身经验知识积累之外，还需要不断从外部获取新知识，并通过新颖方式连接两类知识。

新制度理论研究学者指出，制度变革不会一蹴而就，会经历去制度化、前制度化、理论化、扩散化、加强制度化等关键环节，行动者在不同环节中需要关注不同的环境信息，并开展不同的变革活动（Greenwood et al., 2002; Child et al., 2007; Perkmann and Spicer, 2007）。根据这一观点，高创新性的商业模式设计过程也会包括多个子过程，这在商业模式研究中多被称为不同的学习阶段，每个阶段都有特定的知识积累任务（Mezger, 2014; Khanagha et al., 2014），任何阶段的缺失都会对商业模式的整体设计过程产生巨大损害，这表明环境扫描活动必须长期坚持。例如，根据 Mehrizi 和 Lashkarbolouki（2016）的研究观点，设计高创新性商业模式是一个长期过程，包括多个阶段，创业者在不同阶段会将注意力资源分配给不同的环境事件，这同样意味着创业者需持续开展环境扫描活动。Martins 等（2015）也认为，原生的高创新性商业模式设计过程包括识别新商业模式机会、选择与替换构成要素、创造性组合编排构成要素等多个时期，每个时期的工作都要求创业者不断从外界获取新信息以对其提供支持。

基于上述分析，本书提出如下假设：

假设 5c：特殊性图式与扫描努力程度正相关。特殊性图式丰富程度越高，创业者越可能努力开展环境扫描活动。

假设 5d：特殊性图式与扫描持续程度正相关。特殊性图式丰富程度越高，创业者越可能持续开展环境扫描活动。

当创业者更为努力与持续地开展环境扫描活动时，不仅能够增加可供选择的商业模式设计方案数量，而且还有助于提升自身从信息中提炼出新颖知识的能力，这都会使他们更倾向于设计出高创新性的商业模式。具体表现在如下两个方面：

一方面，当创业者努力与持续地开展环境扫描活动时，意味着他们会为环境扫描活动分配更多的注意力资源，这种分配能够有效降低因有限的注意力资源而出现的认知偏差（Li et al., 2013）。认知偏差的降低使得创业者系统分析不同来源信息，开发出多种可行的商业模式设计方案成为可能，而随着可选择方案的增加，创业者也更有可能设计出高创新性的商业模式（Chesbrough, 2010; Andries et al., 2013）。例如，Chesbrough（2010）的研究认为，高创新性商业模式来自于实验过程，由于创业者对关于“是否创新”及“如何创新”很难有着清晰认识，并且考虑到创新结果的不确定性以及利益相关者容易产生抵制情绪的缘故，他们通常会同时实验多种商业模式方案，进而根据实验结果选择出最终的新商业模式。Martins 等（2015）则进一步指出，要想设计出高创新性商业模式，创业者除了需认清所在行业的主流商业模式之外，还应当努力且持续地关注与分析行业外的商业模式实践，创造性地将这些行业外实践应用到所在行业之中。因此，创业者努力与持续地开展环境扫描活动，会因选择的设计方案的增多而很有可能设计出高创新性的商业模式。

另一方面，创新研究学者普遍认同，当个体努力与持续地开展环境扫描活动时，有助于提升他们的创造性信息加工能力（Perttula and Sipila，2007；Gielnik et al.，2014）。例如，Fiet（2007）认为，积极的环境扫描为随后的创造性信息加工活动提供了必需的信息输入。拥有较高创造性信息加工能力的创业者往往不局限于已有认识来解决问题，而乐于在思考过程中引入新信息，并将它们与旧的信息加以创造性连接，从而更深层地理解新信息在解决问题过程中的价值，开发出十分新颖的问题解决方案（Mueller and Shepherd，2016）。在商业模式研究中，Martins 等（2015）认为，较为积极地从行业内外收集环境信息，能够为有效开展类比推理与概念组合两种创造性信息加工活动提供丰富的信息素材，使创业者能够较为容易地发现新信息与旧知识之间的连接点，并设计出高创新性的商业模式。因此，创业者努力与持续地开展环境扫描活动，会因创造性信息加工能力的增强而很有可能设计出高创新性的商业模式。

基于上述分析，本书提出如下假设：

假设 6a：扫描努力程度与商业模式创新性正相关。创业者越努力地开展环境扫描活动，越可能设计出与创业活动目标行业主流商业模式相悖的高创新性的商业模式。

假设 6b：扫描持续程度与商业模式创新性正相关。创业者越持续地开展环境扫描活动，越可能设计出与创业活动目标行业主流商业模式相悖的高创新性的商业模式。

结合上文分析，从认知图式来看，一般性图式越丰富，创业者就越有可能设计出低创新性的商业模式，并且不太倾向于为环境扫描活动投入较大精力，扫描活动持续程度也不高，而特殊性图式越丰富，创业者则越有可能设计出高创新性的商业模式，并且会十分努力且持久地开展环境扫描活动；从环境扫描看，创业者越努力与越持久地开展环境扫描活动，就越有可能设计出高创新性的商业模式，相反则越有可能设计出低创新性的商业模式。基于此，本文提出如下假设：

假设 7a：扫描努力程度在创业者一般性图式与商业模式创新性之间发挥着中介效应。

假设 7b：行业持续程度在创业者一般性图式与商业模式创新性之间发挥着中介效应。

假设 7c：扫描努力程度在创业者特殊性图式与商业模式创新性之间发挥着中介效应。

假设 7d：扫描持续程度在创业者特殊性图式与商业模式创新性之间发挥着中介效应。

第二节　研究变量的测量方法

本章研究模型涉及创业者认知图式、环境扫描领域、环境扫描强度及商业模式创新性四个主要研究变量，这些变量在不同研究领域中都有较为成熟的测量方法，结合本书的研究问题，本节将详细阐释研究变量的测量方法。

一、认知图式

认知图式是指个体头脑中关于特定事物或事件的知识结构（Fiske and Taylor，1991）。在战略认知研究中，学者们还使用了认知地图（Calori et al.，1994）、心智模型（Gary and Wood，2011）、信条结构（Walsh，1995）、认知脚本（Seawright et al.，2013）等一系列类似于认知图式的概念，尽管它们在心理学中被界定为不同概念，但战略认知学者对此却并不做详细区分，在测

量方法上彼此之间可以相互借鉴。结合上一章图 3-1 关于认知图式概念的解构图，当前学者们分别围绕图 3-1 左侧的“认知图式形成过程”与图 3-1 右侧的“认知图式内容结构”开发出了多种测量方法（见表 4-1）。其中，围绕“认知图式内容结构”所开发的测量方法注重于直接测量个体认知图式的复杂性与差异性，学者们或者通过两步问卷法，或者基于二手数据进行内容分析，依次揭示出个体认知图式所包含的关键要素及这些要素之间的连接关系，并据此评价认知图式的复杂性与差异性；围绕“认知图式形成过程”所开发的测量方法以高阶理论研究为代表，主要利用人口统计学特征作为代理变量来度量认知图式，创业者经验是最为重要的代理变量。

表 4-1　战略认知研究中关于认知图式概念的测量方法

	基于“认知图式内容结构”的概念解构		基于“认知图式形成过程”的概念解构
测量结果	企业家对于某项事物各类特征的关注度与认识的复杂程度		企业家不同类型先前经验的数量
常见测量方法	两步问卷法	内容分析法	客观评价法
参考文献	Gary 和 Wood（2011）	Calori 等（1994） Kabanoff 等（2008）	Hambrick 和 Mason（1984） Cliff 等（2006）

资料来源：笔者整理。

本书将以创业者经验作为代理变量来测量关于商业模式的认知图式，主要原因如下：一是在直接测量法中，两步问卷法很难应用于大规模调研中，并且也不容易保障测量过程的每个阶段都能够获得高质量的问卷（Kaplan，2011），内容分析法则要求样本企业持续披露经营信息，但新创企业对此却无法保证，因而这两种方法都不适合在本书中使用。二是结合第三章的概念界定工作，本书基于“认知图式形成过程”解构这一概念，重在刻画创业者商业模式认知图式的整体特性，并不关注该图式的具体要素构成情况，因而适合利用间接方式测量。三是本书分析的是创业者设计商业模式的过程，因而他们所积累的商业模式设计与应用经验最具指导价值，另由于任何组织都有商业模式，并且商业模式本身包括企业所有关键业务活动的缘故（Teece，2010），创业者所有工作经验都与商业模式有着密切关系。四是尽管间接测量法受到了一些质疑，但在战略研究与创业研究领域仍然具有非常重要的地位，近些年在顶级期刊中的发文量依然十分可观。

具体测量包括两个步骤：

第一步，要求受访者列示出所有工作经验，[①] 并详细填答这些经验的所在行业及起止时间，进而结合当前企业主营业务所在行业，将工作经验区分为行业内经验与行业外经验。由于本书关于主营业务的行业归类是以国家统计局发布的《国民经济行业分类》（GB/4754—2011）为标准，因而对创业者工作经验属于行业内还是行业外的界定，将同样以该标准进行区分。在该标准中，某个具体行业的完整代码是由一个英文字母与四位数字组成，如“互联网信息服务业”的代码为 I6420。其中，英文字母表示行业门类，前两位数字表示大类，前三位数字用来中类，所有四位数字表示的是小类，从门类到小类，不同行业间在技术或市场上具有越来越明显的相似性，这意味着，基于某一层次的行业代码，严格按照“是或否”的原则并不能完整反映出工作经验的行业内外属性。例如，以门类是否相同为标准来区分行业内与行业外经验，假设当前创业行业为服装批发业（F5132），则所有来自行业门类 F 的工作经验都将被归类为行业内经验。然而，在行业门类 F 内部，鞋帽批发业（F5133）的工作经验相较于汽车零售业（F5261）的工作经验，显然与当前的服装批发业（F5132）更为相似，也即是说，汽车零售业（F5261）的工作经验具有较多行业外经验属性，但却被忽视了。根据这些认识，本书借鉴了 Lien 和 Klein（2009）及 Toft-Kehler 等（2014）的研究，采用行业相似程度指标来反映创业者工作经验的行业内外属性。行业相似程度的计算方法以美国标准行业分类（Standard Industrial Classification，SIC）的代码距离为基础，计算公式如下：

$$\text{Similarity} = \frac{\sum d_{ij} s_j}{\sum s_j} \tag{4-1}$$

式中，Similarity 表示行业相似程度，i 表示先前工作经验所在行业，j 表

① 这些经验包括企事业单位工作经验与个体经营者经验，自由职业者经验与兼职工作经验则不包括在内。

示企业当前开展的各项业务所在行业，s_j 表示企业当前在第 j 个行业开展的业务的销售量，d_{ij} 表示行业 i 与行业 j 的 SIC 代码距离。当行业 i 与行业 j 的前三位 SIC 代码相同时，说明两个行业具有很强的关联性，此时 $d_{ij}=2$；当行业 i 与行业 j 的前两位 SIC 代码相同时，说明两个行业虽有关联性，但却不明显，此时 $d_{ij}=1$；当行业 i 与行业 j 的前两位 SIC 代码不同时，说明两个行业几乎没有关联性，此时 $d_{ij}=0$。

结合宋旭琴和蓝海林（2007）的观点，《国民经济行业分类》（GB/4754—2011）基本能够与 SIC 实现对接，因而本书将参考上述计算公式，以《国民经济行业分类》（GB/4754—2011）的代码距离为基础来计算行业相似程度。由于 SIC 四位数代码所表示的行业之间的区别非常小，以此计算行业相似程度可能会造成偏差，因而相关研究并不考虑四位数代码（孙俊华和刘海建，2008）。鉴于该原因，本书也不去分析工作经验所在行业与当前创业行业在行业小类代码上的区别。因此，在调研过程中，本书要求调研公司访问员参考《国民经济行业分类》（GB/4754—2011）纸质版文件，在调研时，尽量能够确定创业者工作经验所在行业及当前创业行业属于什么样的行业中类，而对于委托孵化器负责人代为发放的问卷，如果无法确定行业中类，笔者则通过对创业者进行回访而具体确定。由于本书只关注创业者先前与当前所在工作单位的主营业务行业，而且分别考察不同阶段工作经验的行业内外属性，所以式（4-1）中的 i 在理论上可以是从 1 开始的任意整数，j 恒等于 1，而 s_j 则成为公因子，可以约掉。根据这些认识，第 i 段工作经验所在行业与当前创业行业的行业相似程度可以用式（4-2）计算：

$$\text{Similarity}(i)=d_i \tag{4-2}$$

式中，d_i 表示第 i 段工作经验所在行业与当前创业行业的国民经济行业分类代码的距离。当两个行业的前三位数字代码相同时，说明它们属于相同的中类，具有很强的关联性，此时 $d_i=3$；当两个行业的前两位数字代码相同时，说明它们属于相同的大类，具有较强的关联性，此时 $d_i=2$；当两个行业仅有英文字母代码相同时，说明它们属于相同的门类，彼此之间虽有关联性，但却不明显，此时 $d_i=1$；当两个行业的英文字母代码也不相同时，说明它们完全是不同的行业，没有关联性，此时 $d_i=0$。另外，虽然批发业

（F51）和零售业（F52）是同一门类下的两个不同的大类，但它们的一些行业中类所涉及的产品却往往具有较大相似性，如文化、体育用品及器材批发业（F514）与文化、体育用品及器材专门零售业（F524）。本书认为，对于这些行业，仅仅根据它们属于相同的行业门类，将 d_i 赋值 1 会低估彼此间的关联性，而将 d_i 赋值 2，视两者之间具有较强的关联性则更为合适。

第二步，分别计算创业者行业内与行业外经验的累计分值。行业内与行业外经验的累计分值分别是创业者一般性图式与特殊性图式的丰富程度的得分。分值越高，意味着创业者从行业内/行业外经验中获取的知识也越多，这能够使由这些经验所形成的认知图式的丰富程度得到提升，并且很容易被创业者回忆起来。结合 Cassar（2014）、Spanjer 和 Witteloostuijn（2017）等学者的研究观点，行业内/行业外经验的累计分值由工作经验的年限与行业属性共同决定，其本质是一个连续加权和，原始分值为各阶段工作经验的年限，权重为这些工作经验的行业属性。关于权重大小，目前多数研究采用二进制权重设定方法，例如在计算行业内经验累计分值时，那些被判定为属于行业内的工作经验的权重为 1，不属于行业内的工作经验的权重为 0。然而，上文分析已经说明，行业相似程度指标比传统“是或否”原则更能完整地反映出工作经验的行业内外属性，因而以行业相似程度作为权重比二进制权重设定方法更为精确。鉴于此，本书将以行业相似程度得分作为权重，采用如下公式来计算各阶段创业者行业内与行业外经验得分。

$$IE = \sum_{i=1}^{+\infty} e_i d_i \tag{4-3}$$

$$OE = \sum_{i=1}^{+\infty} e_i (3 - d_i) \tag{4-4}$$

式中，IE 与 OE 分别是创业者行业内经验的累计分值与行业外经验的累计分值；e_i 是第 i 段工作经验的年限；根据式（4-2），d_i 表示的是第 i 段工作经验所在行业与当前创业行业的行业相似程度，由于 d_i 的最大取值为 3，因而 $3 - d_i$ 表示的是第 i 段工作经验所在行业与当前创业行业的行业差异程度，当 $d_i = 0$ 时，意味着第 i 段工作经验完全属于行业外经验，d_i 的具体取值同上文。

二、环境扫描领域

如前所述，战略研究与创新研究都对环境扫描领域有所关注，并且因研究目的差异而开发出了不同的测量方法（见表 4-2）。战略研究主要探讨环境扫描宽度及其对战略决策的影响，致力于从具体内容上详细区分环境扫描领域，采用问卷或内容分析法测量企业家获取了哪些具体领域的信息与知识，这些信息与知识所涉及的具体领域数量越大，意味着扫描宽度越大；创新研究主要探讨环境扫描活动是否能够带来新知识，多致力于从整体性质上将环境扫描领域区分为两种不同类型，采用问卷或替代变量（如专利）测量企业家更注重从哪个领域获取知识，测量所得到的分值越高，则意味着企业家获取相应领域的知识就会越多。

表 4-2　战略研究与创新研究关于环境扫描领域的测量方法

	战略研究		创新研究	
测量对象	所关注的扫描领域数量		对不同扫描领域的关注程度	
环境领域典型划分方式	企业内外部环境（Garg et al.，2003） 工作职能领域（Beal，2000） 信息来源渠道（Daft et al.，1988）		企业内外（Katila and Ahuja，2002） 行业内外（Katila，2002） 区域内外（Phene et al.，2006） 熟不熟悉（Li et al.，2013）	
测量方式	问卷调查	内容分析	问卷调查	客观数据替代（如专利）
典型文献	Beal（2000） Dahlander 等（2014）	Levy（2005） Nadkarni 和 Barr（2008）	Sidhu 等（2007） Li 等（2013）	Ahuja 和 Katila（2004）

资料来源：笔者整理。

本书将采用创新研究关于环境扫描领域的测量方法，原因如下：一是本章研究围绕商业模式创新性展开分析，而根据 Foss 和 Saebi（2017）的观点，这隶属于商业模式创新研究范畴；二是本书结合新制度理论观点，主要关注的是不同类型创业者能否获取行业外新知识来颠覆行业内的主流商业模式设计方案；三是创新多被视为一种更为具体的战略决策，因而采用创新研究中的测量方法并不与本章研究主要借鉴战略认知的解释逻辑相冲突。

本书主要围绕不熟悉领域扫描与行业外领域扫描展开分析，并借鉴 Li 等（2013）的测量方法，采用分数分配表对两个变量进行测量。在具体操作上，研究者首先提供给受访者一组信息源，并要求受访者根据不同来源信息的相对重要性，将 100 分的分值分配给不同的信息源，这种方式能够较为快捷地知晓创业者主要扫描的环境领域（见表 4–3 与表 4–4）。以不熟悉领域扫描为例，受访者被要求根据对不熟悉领域与熟悉领域信息的关注程度，将 100 分的分值分配给两个领域。在分析中，将直接使用被访者所填答的比例数字进行实证分析。

表 4–3　本书关于不熟悉领域扫描的测量方法

题项	所占比例（%）
01　您对不熟悉的环境信息的关注程度	（　）
02　您对熟悉的环境信息的关注程度	（　）
合计	100

资料来源：根据 Li 等（2013）的研究改编而来。

表 4–4　本书关于行业外领域扫描的测量方法

题项	所占比例（%）
01　您对主营业务所在行业内的环境信息的关注程度	（　）
02　您对主营业务所在行业外的环境信息的关注程度	（　）
合计	100

资料来源：根据 Li 等（2013）的研究改编而来。

为了证实这种测量方法的有效性，本书同样借鉴 Li 等（2013）的研究，设置了一个辅助测量题项加以验证（测量结果不用于实证分析中）。该测量采用 5 点李克特量表，要求受访者根据题项表述与实际环境扫描情况相符合程度进行打分，1 代表完全不符合，5 代表完全符合，进而根据受访者前后回答的一致性程度判定分数分配表测量结果的有效性。在不熟悉领域扫描方面，测量题项为“在收集环境信息时，我主要聚焦于获取与利用那些自己已经很熟悉的信息”；在行业外领域扫描方面，测量题项为“在收集环境信息时，我主要聚焦于获取与利用那些主营业务所在行业外的信息”。本书对上

述两种方法的测量结果的相关性水平进行了检验，发现在不熟悉领域的关注程度上，两种方式的测量结果关系密切（$r = -0.236$；$P < 0.01$），在行业外领域的关注程度上，两种方式的测量结果同样关系密切（$r = 0.352$；$P < 0.01$），说明受访者前后回答一致，测量结果的信效度水平较高。

三、环境扫描强度

如同环境扫描领域研究，战略学者与创新学者也都对环境扫描强度有所关注，并且结合研究目的开发出了不同的测量方法。基于上文给出的缘由，本书同样采用创新研究关于环境扫描强度的测量方法。在创新研究中，环境扫描强度被定义为相对于其他工作，创业者对于环境扫描活动的关注程度，包括扫描努力程度与扫描持续程度两个研究变量（Li et al.，2013）。具体操作上，本书借鉴 Li 等（2013）研究中所使用的量表来测量这两个变量。该测量采用 5 点李克特量表，要求受访者根据量表中的题项表述与实际环境扫描情况相符合程度进行打分，1 代表完全不符合，5 代表完全符合。扫描努力程度包括 4 个题项："我投入了巨大的努力来收集有价值的信息""我将收集信息看成是公司的头等大事""我将多数时间用在收集最新的信息上""我采取不同的方法寻找信息源以获取相关信息"。扫描持续程度也包括 4 个题项："我持续搜寻信息，直到发现所有相关信息才满意""我持续搜寻信息，直到发现所有解决问题的信息""我投入充足时间来发现所有可用信息""我努力搜寻与评估所有可能的问题解决方案"。

国内学者吴航和陈劲（2015）、杨慧军和杨建君（2016）均利用该量表开展了研究，这些研究的实证分析结果显示两个变量的 Cronbach's α 值都超过了 0.7，说明该量表具有较好的信度水平。

四、商业模式创新性

本书采用 Amit 和 Zott（2001）关于商业模式的定义，认为商业模式是核心企业围绕某一具体业务，构建的与利益相关者开展交易的系统化结构，包括交易内容（如产品/服务、交易的参与者）、开展交易的方式，以及核心企业对于交易活动的治理机制。在此基础上，本书主要借鉴 Zott 和 Amit

（2007）开发的新颖型商业模式测量量表，以新颖型商业模式设计主题的得分高低，以反映新创企业创新性不同的商业模式设计结果。新颖型商业模式测量量表是一个单维量表，包括13个题项。具体使用方法是：以上市公司所披露的公开资料为素材，采用内容分析法，通过对核心企业及其竞争对手的商业模式进行比较，对题项进行打分，进而汇总得分来评价核心企业商业模式的创新性。

国内已有多位学者结合自身的研究目的与研究情境，在对Zott和Amit（2007）原量表的题项加以必要的修正或删减的基础上，采用问卷调查方法测量中国情境中的企业商业模式创新性，如中国人民大学的郭海教授、西安交通大学的魏泽龙教授。

鉴于此，本书参考Wei等（2014）、Guo等（2017）等学者的研究中所使用的测量量表，并结合前述预调研工作的探索性因子分析结果，对Zott和Amit（2007）量表的题项进行了删减，最终保留了9个测量题项。这些题项分别是："公司的商业模式提供了新的产品、服务、信息或它们的新组合""公司的商业模式中引入了新参与者""公司的商业模式为参与者提供了新的交易激励""在公司的商业模式中，参与者和/或商品的多样性和数量是前所未有的""公司的商业模式采用了新的交易方式来联结参与者""在公司的商业模式中，参与者之间某些联结丰富度（质量和深度）是新颖的，如传统采购关系转变为合作研发关系""公司持续地推动商业模式创新""公司的商业模式还在盈利方式等其他方面表现出了新颖性""总的来说，我们的商业模式是新颖的"。为了与其他变量测量题项的打分尺度一致，本书同样采用5点李克特量表进行打分，1代表完全不符合，5代表完全符合，所有题项得分的平均值越高，代表商业模式创新性越高。

五、控制变量

控制变量并非本书关注的变量，但却可能对商业模式设计结果产生一定的影响，为了确切揭示出主要研究变量之间的关系，有必要对这些变量加以控制。本章研究关注创业者认知图式与商业模式设计的作用过程，因而在控制变量的选择上，首先考虑了个体层次的变量。在个体层次上，除了创业者

工作经验之外，本书认为，创业者的年龄、性别、受教育水平同样会影响商业模式的设计过程。例如，受教育程度越高的创业者可能具备更多的创业知识，使其拥有更为丰富的商业模式认知图式，进而影响商业模式设计工作。除了个体层次的变量，本书还考虑了企业年龄、企业所处行业、企业所在地区及企业资产规模四个企业层次的变量。例如，由于企业规模越大意味着可用资源越多，这可能会导致企业倾向于设计出高创新性商业模式（Kim and Min，2015），因而对企业创建时的资产规模进行了控制。

第三节　实证分析

本节将通过信度分析与验证性因子分析来判断数据的质量情况，并在此基础上，运用中介回归技术检验环境扫描对创业者认知图式与商业模式创新性关系的中介效应。

一、主要变量的信度效度分析及处理

（一）商业模式创新性的信度与效度分析

首先，对商业模式创新性的 9 个测量题项的均值、标准差、偏度和峰度进行描述性统计分析。如表 4–5 所示，商业模式创新性各题项的最大值为 3.87，最小值为 3.61，说明受访者认为自己的企业商业模式创新性水平较高。各测量题项的偏度绝对值均小于 2，同时峰度绝对值均小于 5，可以判定所测量指标的数据呈现正态分布。

表 4–5　商业模式创新性的测量条目描述

测量条目	均值	标准差	偏度	峰度	CITC	删除该条目的 α
公司的商业模式提供了新的产品、服务、信息或它们的新组合	3.73	0.800	–0.220	–0.356	0.574	0.867
公司的商业模式中引入了新参与者	3.82	0.878	–0.861	0.824	0.648	0.860

续表

测量条目	均值	标准差	偏度	峰度	CITC	删除该条目的 α
公司的商业模式为参与者提供了新的交易激励	3.70	0.753	−0.849	1.599	0.564	0.868
在公司的商业模式中，参与者和/或商品的多样性和数量是前所未有的	3.61	0.790	−0.749	0.888	0.645	0.861
公司的商业模式采用了新的交易方式来联结参与者	3.65	0.826	−0.354	0.060	0.568	0.867
在公司商业模式中，参与者之间某些联结丰富度（质量和深度）是新颖的，如传统采购关系变为合作研发关系	3.83	0.743	−0.872	1.557	0.534	0.870
公司持续地推动商业模式创新	3.87	0.944	−0.819	0.577	0.575	0.868
公司的商业模式还在盈利方式等其他方面表现出了新颖性	3.75	0.879	−0.561	0.334	0.641	0.861
总的来说，公司的商业模式提高了交易效率	3.80	0.932	−0.981	1.055	0.809	0.844

资料来源：笔者整理（样本量 = 142）。

其次，本书利用 SPSS 20.0 软件对商业模式创新性量表进行信度分析，发现总体 Cronbach's α 系数为 0.867，根据 DeVellis（1991）的观点，这是一个非常好的信度水平（0.80~0.90），说明该量表具有非常好的内部一致性。另外，根据表 4-5 所示的信度分析结果，发现所有测量题项的校正项总体相关系数值（Corrected Item-Total Coreelation，CITC）均比较高，删除某一题项后也并不能显著提升量表总体信度水平，因而在进一步的分析中将保留所有题项。

表 4-6　商业模式创新性的验证性因子分析结果

测量条目	因子载荷	拟合指标
公司的商业模式提供了新的产品、服务、信息或它们的新组合	0.630***	χ^2/df = 1.163 RMSEA = 0.034 CFI = 0.991 TLI = 0.988 SRMR = 0.037
公司的商业模式中引入了新参与者	0.704***	
公司的商业模式为参与者提供了新的交易激励	0.616***	
在公司的商业模式中，参与者和/或商品的多样性和数量是前所未有的	0.676***	
公司的商业模式采用了新的交易方式来联结参与者	0.600***	

续表

测量条目	因子载荷	拟合指标
在公司的商业模式中，参与者之间某些联结丰富度（质量和深度）是新颖的，如传统采购关系转变为合作研发关系	0.564***	χ^2/df = 1.163 RMSEA = 0.034 CFI = 0.991 TLI = 0.988 SRMR = 0.037
公司的商业模式十分依赖专属于公司的商业机密和/或版权	0.611***	
公司持续地推动商业模式创新	0.689***	
公司的商业模式还在盈利方式等其他方面表现出了新颖性	0.881***	
总的来说，公司的商业模式提高了交易效率	0.630***	

注：*** 表示 $P < 0.01$。

资料来源：笔者整理（样本量 = 142）。

最后，本书运用 Mplus 7.0 软件，对商业模式创新性进行验证性因子分析，以检验该量表的建构效度。分析结果如表 4–6 所示。根据该表所示，各条目与构念之间的因子载荷均在 0.01 的水平上显著，最小值为 0.564，大于 0.4 的最低载荷标准。另外，χ^2/df = 1.163，小于 2.0 的标准；CFI = 0.991，TLI = 0.988，均大于 0.90 的标准；RMSEA = 0.034，小于 0.05 的标准；SRMR = 0.037，小于 0.08 的标准。总体而言，该测量模型的拟合度较好，表明该量表的建构效度比较理想。

（二）扫描强度的信度与效度分析

扫描强度包括扫描努力程度与扫描持续程度两个变量，下文将对这两个变量的信度与效度进行分析。

1. 扫描努力程度的信度分析

首先，对扫描努力程度的 4 个测量题项的均值、标准差、偏度和峰度进行描述性统计分析。根据表 4–7 所示，扫描努力程度各题项的最大值为 3.87，最小值为 3.55，说明受访者认为自己投入了较高的时间和精力搜索环境信息。各测量题项的偏度绝对值均小于 2，同时峰度绝对值均小于 5，可以判定所测量指标的数据呈现正态分布。

其次，本书对扫描努力程度量表进行了信度分析，发现总体 Cronbach's α 系数为 0.690，根据 DeVellis（1991）的观点，这是一个可以接受的信度水平（P>0.65），说明该量表具有较好的内部一致性。更进一步地，根据表 4–7 所示的信度分析结果，发现删除“我采取不同的方法寻找信息源以获取相关信

表 4–7　扫描努力程度的测量条目描述

测量条目	均值	标准差	偏度	峰度	CITC	删除该条目的 α
我投入了巨大的努力来搜集有价值的信息	3.83	0.899	–0.906	1.020	0.522	0.595
我将收集信息看成是公司的头等大事	3.60	1.045	–0.606	–0.080		0.549
我将多数时间用在收集最新的信息上	3.55	0.942	–0.325	–0.590	0.559	0.567
我采取不同的方法寻找信息源以获取相关信息	3.87	0.836	–0.556	–0.056	0.251	0.745

资料来源：笔者整理（样本量 = 142）。

息”后，总体 Cronbach's α 系数能够得到显著提升，达到了 0.745，能够满足 DeVellis（1991）认为的相当好的信度水平（0.70~0.80），并且该题项的校正项总体相关系数值（CITC）低于信度测量的最低标准 0.3，因而在进一步的分析中将删除这个题项。

2. 扫描持续程度的信度分析

首先，对扫描持续程度的 4 个测量题项的均值、标准差、偏度和峰度进行描述性统计分析。根据表 4–8 所示，扫描持续程度各题项的最大值为 4.00，最小值为 3.68，说明受访者认为自己在企业创建与运营过程中持续关注着外部环境信息。各测量题项的偏度绝对值均小于 2，同时峰度绝对值均小于 5，可以判定所测量指标的数据呈现正态分布。

表 4–8　扫描持续程度的测量条目描述

测量条目	均值	标准差	偏度	峰度	CITC	删除该条目的 α
我持续搜寻信息，直到发现所有相关信息才满意	3.88	0.903	–0.581	–0.053	0.565	0.682
我持续搜寻信息，直到发现所有解决问题的信息	4.00	0.825	–0.691	0.192	0.624	0.652
我投入充足时间来发现所有可用信息	3.68	0.910	–0.415	–0.041	0.535	0.699
我努力搜寻与评估所有可能的问题解决方案	3.91	0.858	–0.574	–0.152	0.466	0.735

资料来源：笔者整理（样本量 = 142）。

其次，本书对扫描持续程度量表进行了信度分析，发现总体 Cronbach's α 系数为 0.751，满足 DeVellis（1991）认为的相当好的信度水平（0.70~0.80），说明该量表具有较好的内部一致性。更进一步地，根据表 4-8 所示的信度分析结果，发现所有测量题项的校正项总体相关系数值（Corrected Item-Total Coreelation，CITC）均比较高，删除某一题项后也并不能显著提升量表总体信度水平，因而在进一步的分析中将保留所有题项。

3. 扫描努力程度与持续程度的效度分析

本书运用 Mplus 7.0 软件，对扫描努力程度与扫描持续程度进行验证性因子分析，以检验量表的建构效度。在删除上面分析所述的题项之后，我们的验证性因子分析结果如表 4-9 所示。各条目与构念之间的因子载荷均在 0.01 的水平上显著，最小值为 0.552，大于 0.4 的最低载荷标准。另外，$\chi^2/df = 1.353$，小于 2.0 的标准；CFI = 0.989，TLI = 0.979，均大于 0.90 的标准；RMSEA = 0.050，与 0.05 的标准相等；SRMR = 0.032，小于 0.08 的标准。总体而言，该测量模型的拟合度较好，表明该量表的建构效度比较理想。

表 4-9　扫描努力程度与扫描持续程度的验证性因子分析结果

	测量条目	因子载荷	拟合指标
扫描努力程度	我投入了巨大的努力来收集有价值的信息	0.698***	$\chi^2/df = 1.353$ RMSEA = 0.050 CFI = 0.989 TLI = 0.979 SRMR = 0.032
	我将收集信息看成是公司的头等大事	0.758***	
	我将多数时间用在收集最新的信息上	0.666***	
扫描持续程度	我持续搜寻信息，直到发现所有相关信息才满意	0.575***	
	我持续搜寻信息，直到发现所有解决问题的信息	0.552***	
	我投入充足时间来发现所有可用信息	0.770***	
	我努力搜寻与评估所有可能的问题解决方案	0.628***	

注：*** 表示 $P < 0.01$。
资料来源：笔者整理（样本量 = 142）。

（三）研究变量的区分效度

在上述分析基础上，本书进一步通过构建比较嵌套测量模型，使用 Mplus 7.0 软件比较分析各种嵌套测量模型拟合度的方式，检验本章研究中商业模式创新性、扫描努力程度、扫描持续程度三个潜变量之间的区分效度。为此，本书构建了两个竞争性的比较嵌套测量模型：将扫描努力程度与扫描持续程度加以合并，形成一个两因子模型；将全部因子加以合并，形成一个单因子模型。根据表 4-10 所示，与两个竞争性的测量模型相比较，本书的基准模型（三因子模型）的拟合效果最为理想。这意味着，本章研究所涉及的三个研究变量具有较高的区分效度，能够代表三个不同的构念。

表 4-10　本章研究变量的区分效度分析

模型	χ^2	df	χ^2/df	RMSEA	SRMR	CFI	TLI
基准模型（三因子模型）	153.969	99	1.555	0.063	0.056	0.941	0.929
两因子模型	197.932	103	1.922	0.081	0.062	0.899	0.882
单因子模型	296.133	104	2.847	0.114	0.080	0.795	0.763

资料来源：作者整理（样本量 = 142）。

（四）控制变量的处理

结合以往研究文献，本书对于性别、年龄、教育水平、企业年龄、行业、创建时资产规模、地区 7 个控制变量进行虚拟设置，具体赋值见表 4-11。需要指出的是，前文已经说明，商业模式概念是随着互联网发展而逐步兴起的，理论与实践界早期主要关注的是基于互联网的新型营商方式如何创造价值，如 B2B 电子商务平台、P2P 网络借贷平台等。在这种背景影响下，信息通信技术产业（ICT）迅速成为探索商业模式创新问题的主流领域。近些年来，ICT 领域更是涌现出物联网、云计算、区块链等一系列新技术，这些技术在进一步推动传统平台模式创新外，还带动出现了共享模式、生态圈等一系列新型商业模式。基于上述原因，本书在对行业进行虚拟变量设置时，将信息传输、软件和信息技术服务业设为 1，以便更好地展示信息传输、软件和信息技术服务业对新创企业商业模式创新性的影响情况。

表 4-11　虚拟变量的设置

变量		样本量（个）	所占百分比（%）	赋值 D1
性别	男	82	57.7	1
	女	60	42.3	0
年龄	35 岁及以下	98	69.0	1
	35 岁以上	44	31.0	0
教育水平	大学本科以下	47	33.1	0
	大学本科及以上	95	66.9	1
企业年龄	1~2 年	75	52.8	1
	3~4 年	67	47.2	0
行业	信息传输、软件和信息技术服务业	26	18.3	1
	其他	116	81.7	0
创建时资产规模	100 万元以下	33	23.2	0
	100 万元及以上	109	76.8	1
地区	天津	96	67.6	1
	山东	46	32.4	0

资料来源：笔者整理（样本量 = 142）。

二、回归分析与假设检验

本部分首先分析主要研究变量之间的相关性，进而采用中介回归技术对理论假设进行检验。

（一）主要研究变量的相关性分析

对主要研究变量进行相关性分析的目的在于初步判断变量间的内在联系及回归方程中的多重共线性问题。表 4-12 给出了各变量的均值与标准差，以及不同变量之间的相关系数和显著性水平。

在自变量与因变量间的相关系数方面：一般性图式与商业模式创新性之间呈现显著负相关关系，系数为-0.565（$P < 0.01$）；特殊性图式与商业模式创新性之间呈现显著正相关关系，系数为 0.462（$P < 0.01$）。在中介变量与因变量间的相关系数方面：不熟悉领域扫描、行业外领域扫描、扫描努力程

表 4–12　主要研究变量的相关系数矩阵

	变量	1	2	3	4	5	6	7	8	9	10	11	12	13	14
1	商业模式创新性	1													
2	一般性图式	−0.565**	1												
3	特殊性图式	0.462**	−0.236**	1											
4	不熟悉领域扫描	0.229**	−0.196*	0.244**	1										
5	行业外领域扫描	0.324**	−0.182*	0.231**	0.632**	1									
6	扫描努力程度	0.613**	−0.377**	0.441**	0.180*	0.192*	1								
7	扫描持续程度	0.533**	−0.210*	0.360**	0.188*	0.117	0.691**	1							
8	性别	−0.004	0.059	0.036	−0.039	−0.155	0.120	0.045	1						
9	年龄	−0.013	−0.225**	−0.299**	0.111	0.139	−0.129	−0.146	0.074	1					
10	教育水平	−0.001	0.013	−0.019	0.134	0.085	0.051	0.012	0.095	−0.051	1				
11	企业年龄	−0.055	0.116	−0.122	0.093	−0.045	−0.081	−0.002	0.220**	0.221**	0.085	1			
12	行业	0.127	0.092	−0.005	−0.024	0.117	0.012	−0.036	0.184*	0.081	0.023	0.192*	1		
13	创建时资产规模	−0.162	0.127	−0.160	−0.027	−0.075	−0.154	−0.110	0.069	−0.116	0.109	−0.086	0.045	1	
14	地区	0.149	0.020	0.190*	0.181*	0.311**	0.077	0.084	−0.379**	−0.203*	−0.327**	−0.323**	−0.139	−0.131	1
均值		3.751	9.880	14.289	45.845	46.014	2.745	3.868	0.578	0.690	0.669	0.528	0.183	0.768	0.676
标准差		0.597	9.374	12.477	17.040	19.321	0.588	0.662	0.496	0.464	0.472	0.501	0.388	0.424	0.470

注：a. 变量 1 是均值；变量 2~3 是根据客观数据计算而来；变量 4~5 是主观评价值；变量 6~7 是均值；变量 8 男性 = 1；变量 9 年龄 35 岁及以下 = 1；变量 10 教育水平大学本科及以上 = 1；变量 11 企业年龄为 1 年与 2 年 = 1；变量 12 信息传输、软件和信息技术服务业 = 1；变量 13 创建时资产规模 100 万元及以上 = 1；变量 14 天津 = 1。

b. * 表示 $P < 0.05$；** 表示 $P < 0.01$。

c. 样本量 = 142。

度、扫描持续程度与商业模式创新性之间均呈现显著的正相关关系，系数分别为 0.229（P < 0.01）、0.324（P < 0.01）、0.613（P < 0.01）、0.533（P < 0.01）。

在自变量、中介变量、控制变量之间的相关关系方面：一般性图式与不熟悉领域扫描、行业外领域扫描、扫描努力程度、扫描持续程度之间具有显著负相关关系，系数分别为–0.196（P < 0.05）、–0.182（P < 0.05）、–0.377（P < 0.01）、–0.210（P < 0.05），与年龄之间呈现显著负相关关系，系数为–0.225（P < 0.01），与特殊性图式之间具有显著负相关关系，系数为–0.236（P < 0.01）；特殊性图式与不熟悉领域扫描、行业外领域扫描、扫描努力程度、扫描持续程度之间具有显著正相关关系，系数分别为 0.244（P < 0.05）、0.231（P < 0.01）、0.441（P < 0.01）、0.360（P < 0.01），与年龄之间呈现显著负相关关系，系数为–0.299（P < 0.01），与地区之间呈现显著正向关系，系数为 0.019（P < 0.05）；不熟悉领域扫描与地区之间具有显著正相关关系，系数为 0.181（P < 0.05），与扫描努力程度及扫描持续程度之间均具有显著正相关关系，系数分别为 0.180（P < 0.05）、0.188（P < 0.05）；行业外领域扫描与地区之间具有显著正相关关系，系数为 0.311（P < 0.01），与扫描努力程度之间具有显著正相关关系，系数为 0.192（P < 0.05）；扫描努力程度与扫描持续程度之间具有显著正相关关系，系数为 0.691（P < 0.01）。

在控制变量之间的相关关系方面：性别与企业年龄、行业具有显著正相关关系，系数分别为 0.220（P < 0.01）、0.184（P < 0.05），与地区之间具有显著负相关关系，系数为–0.379（P < 0.01）；年龄与企业年龄、地区之间分别具有显著正相关及负相关关系，系数分别为 0.221（P < 0.01）、–0.203（P < 0.05）；教育水平与地区之间具有显著负相关关系，系数为–0.327（P < 0.01）；企业年龄与行业、地区之间分别具有显著正相关与负相关关系，系数分别为 0.192（P < 0.05）、–0.323（P < 0.01）。

根据相关系数大小可以对解释变量之间的多重共线性问题进行初步判断。由本书的统计分析结果所示（见表 4–12），解释变量之间的相关性系数均远小于 0.8，因而基本可以判断它们之间不太可能存在多重共线性问题。本书在后续分析中还将进行方差膨胀因子检验（VIF），从而进一步评估解释变量之间的多重共线性问题。

（二）创业者认知图式对环境扫描的回归分析

1. 创业者认知图式对不熟悉领域扫描的回归分析

创业者认知图式对不熟悉领域扫描的层级回归结果如表 4-13 所示。模型 A1 是控制变量对因变量不熟悉领域扫描的回归模型，模型 A2 是控制变量、自变量一般性图式、自变量特殊性图式对因变量不熟悉领域扫描的主效应回归模型。

表 4-13　认知图式对不熟悉领域扫描的层级回归结果

因变量	不熟悉领域扫描	
	模型 A1	模型 A2
性别	0.030	0.002
年龄	0.165*	0.206**
教育水平	0.239***	0.231***
企业年龄	0.151*	0.191**
行业	-0.029	-0.029
创建时资产规模	0.025	0.089
地区	0.352***	0.322***
一般性图式		-0.130
特殊性图式		0.255***
R square	0.127	0.216
Adjusted R^2	0.081	0.162
R square change	0.127**	0.089***
F-value	2.778**	4.032***
VIF（max）	1.463	1.506

注：* 表示 $P<0.1$，** 表示 $P<0.05$，*** 表示 $P<0.01$。
资料来源：笔者整理（样本量 = 142）。

在模型 A1 中，检验了性别、年龄、教育水平、企业年龄、行业、创建时资产规模、地区 7 个控制变量对因变量不熟悉领域扫描的关系。该模型的 R^2 为 0.127，F 值为 2.778（$P<0.05$），说明控制变量解释了总体变异的 12.7%，模型拟合度良好。方差膨胀因子（VIF）最大值为 1.463，远小于

10，说明多重共线性问题不严重。层级回归结果显示，创业者的年龄对不熟悉领域扫描显著正相关，其标准化系数为 0.165（$P < 0.1$），说明年轻的创业者更热衷于关注不熟悉领域信息；创业者的教育水平对不熟悉领域扫描显著正相关，其标准化系数为 0.239（$P < 0.01$），说明高学历创业者更乐于关注不熟悉领域信息；企业年龄对不熟悉领域扫描显著正相关，其标准化系数为 0.151（$P < 0.1$），说明新近创建的新创企业更热衷于关注不熟悉领域信息；地区对不熟悉领域扫描显著正相关，其标准化系数为 0.352（$P < 0.01$），说明天津地区的创业者相较山东地区创业者更乐于关注不熟悉领域的信息。

模型 A2 是在模型 A1 的基础上，加入自变量一般性图式和特殊性图式。该模型的 R^2 为 0.216，说明加入一般性图式和特殊性图式后，模型的解释力显著增加了 8.9%，达到了 21.6%。整体模型 F 值为 4.032（$P < 0.01$），模型拟合度良好。方差膨胀因子（VIF）最大值为 1.506，远小于 10，说明多重共线性问题不严重。层级回归结果表明：创业者一般性图式对不熟悉领域扫描的负向影响关系并未通过检验，假设 2a 没有得到支持；创业者特殊性图式对不熟悉领域扫描的正向影响关系通过检验，其标准化系数为 0.255（$P < 0.01$），假设 2c 得到支持。

2. *创业者认知图式对行业外领域扫描的回归分析*

创业者认知图式对行业外领域扫描的层级回归结果如表 4-14 所示。模型 B1 是控制变量对因变量行业外领域扫描的回归模型，B2 是控制变量、自变量一般性图式、自变量特殊性图式对因变量行业外领域扫描的主效应回归模型。

表 4-14　认知图式对行业外领域扫描的层级回归结果

因变量	行业外领域扫描	
	模型 B1	模型 B2
性别	-0.060	-0.086
年龄	0.228***	0.269***
教育水平	0.243***	0.235***
企业年龄	0.004	0.036

续表

因变量	行业外领域扫描	
	模型 B1	模型 B2
行业	0.165**	0.164**
创建时资产规模	-0.021	0.035
地区	0.435***	0.408***
一般性图式		-0.098
特殊性图式		0.229***
R square	0.217	0.283
Adjusted R^2	0.177	0.234
R square change	0.217***	0.065***
F-value	5.320***	5.785***
VIF（max）	1.463	1.506

注：* 表示 P＜0.1，** 表示 P＜0.05，*** 表示 P＜0.01。
资料来源：笔者整理（样本量＝142）。

在模型 B1 中，检验了性别、年龄、教育水平、企业年龄、行业、创建时资产规模、地区 7 个控制变量对因变量行业外领域扫描的关系。该模型的 R^2 为 0.217，F 值为 5.320（P＜0.01），说明控制变量解释了总体变异的 21.7%，模型拟合度良好。方差膨胀因子（VIF）最大值为 1.463，远小于 10，说明多重共线性问题不严重。层级回归结果显示，创业者的年龄对行业外领域扫描显著正相关，其标准化系数为 0.228（P＜0.01），说明年轻的创业者相较年长的创业者更热衷于关注行业外领域信息；创业者的教育水平对行业外领域扫描显著正相关，其标准化系数为 0.243（P＜0.01），说明高学历创业者更乐于关注行业外领域信息；新创企业所在行业对行业外领域扫描显著正相关，其标准化系数为 0.165（P＜0.05），说明信息传输、软件和信息技术服务业的新创企业更乐于关注行业外领域信息；地区对行业外领域扫描显著正相关，其标准化系数为 0.435（P＜0.01），说明天津地区的创业者相较山东地区创业者更乐于关注行业外领域的信息。

模型 B2 是在模型 B1 的基础上，加入自变量一般性图式和特殊性图式。该模型的 R^2 为 0.283，说明加入一般性图式和特殊性图式后，模型的解释力

显著增加了 6.5%，达到了 28.3%。整体模型 F 值为 5.785（P < 0.01），模型拟合度良好。方差膨胀因子（VIF）最大值为 1.506，远小于 10，说明多重共线性问题不严重。层级回归结果表明：创业者一般性图式对行业外领域扫描的负向影响关系并未通过检验，假设 2b 没有得到支持；创业者特殊性图式对行业外领域扫描的正向影响关系通过检验，其标准化系数为 0.229（P < 0.01），假设 2d 得到支持。

3. 创业者认知图式对扫描努力程度的回归分析

创业者认知图式对扫描努力程度的层级回归结果如表 4-15 所示。模型 C1 是控制变量对因变量扫描努力程度的回归模型，C2 是控制变量、自变量一般性图式、自变量特殊性图式对因变量扫描努力程度的主效应回归模型。

表 4-15 认知图式对扫描努力程度的层级回归结果

因变量	扫描努力程度	
	模型 C1	模型 C2
性别	0.187**	0.164**
年龄	-0.122	-0.123
教育水平	0.088	0.076
企业年龄	-0.090	-0.010
行业	0.025	0.040
创建时资产规模	-0.187**	-0.091
地区	0.102	0.081
一般性图式		-0.340***
特殊性图式		0.289***
R square	0.087	0.317
Adjusted R^2	0.039	0.270
R square change	0.087*	0.230***
F-value	1.824*	6.792***
VIF（max）	1.463	1.506

注：* 表示 P < 0.1，** 表示 P < 0.05，*** 表示 P < 0.01。

资料来源：笔者整理（样本量 = 142）。

在模型 C1 中，检验了性别、年龄、教育水平、企业年龄、行业、创建时资产规模、地区 7 个控制变量对因变量扫描努力程度的关系。该模型的 R^2 为 0.087，F 值为 1.824（P < 0.1），说明控制变量解释了总体变异的 8.7%，模型拟合度良好。方差膨胀因子（VIF）最大值为 1.463，远小于 10，说明多重共线性问题不严重。层级回归结果显示，创业者的性别对扫描努力程度显著正相关，其标准化系数为 0.187（P < 0.05），说明男性创业者更乐于为环境扫描活动投入大量精力；新创企业创建时资产规模对扫描努力程度显著负相关，其标准化系数为−0.187（P < 0.05），说明规模较大的新创企业不太乐于为环境扫描活动投入大量精力。

模型 C2 是在模型 C1 的基础上，加入自变量一般性图式和特殊性图式。该模型的 R^2 为 0.317，说明加入一般性图式和特殊性图式后，模型的解释力显著增加了 23%，达到了 31.7%。整体模型 F 值为 6.792（P < 0.01），模型拟合度良好。方差膨胀因子（VIF）最大值为 1.506，远小于 10，说明多重共线性问题不严重。层级回归结果表明：创业者一般性图式对扫描努力程度的负向影响关系通过检验，其标准化系数为−0.340（P < 0.01），假设 5a 得到支持；创业者特殊性图式对扫描努力程度的正向影响关系通过检验，其标准化系数为 0.289（P < 0.01），假设 5c 得到支持。

4. 创业者认知图式对扫描持续程度的回归分析

创业者认知图式对扫描持续程度的层级回归结果如表 4−16 所示。模型 D1 是控制变量对因变量扫描持续程度的回归模型，D2 是控制变量、自变量一般性图式、自变量特殊性图式对因变量扫描持续程度的主效应回归模型。

表 4−16　认知图式对扫描持续程度的层级回归结果

因变量	扫描持续程度	
	模型 D1	模型 D2
性别	0.094	0.066
年龄	−0.151*	−0.117
教育水平	0.037	0.027
企业年龄	0.032	0.082

续表

因变量	扫描持续程度	
	模型 D1	模型 D2
行业	-0.030	-0.027
创建时资产规模	-0.122	-0.049
地区	0.091	0.062
一般性图式		-0.179**
特殊性图式		0.271***
R square	0.049	0.167
Adjusted R^2	-0.001	0.110
R square change	0.049	0.118***
F-value	0.984	2.940***
VIF（max）	1.463	1.506

注：* 表示 P<0.1，** 表示 P<0.05，*** 表示 P<0.01。

资料来源：笔者整理（样本量 = 142）。

在模型 D1 中，检验了性别、年龄、教育水平、企业年龄、行业、创建时资产规模、地区 7 个控制变量对因变量扫描持续程度的关系。该模型的 R^2 为 0.049，说明控制变量解释了总体变异的 4.9%；方差膨胀因子（VIF）最大值为 1.463，远小于 10，说明多重共线性问题不严重；F 值为 0.984，并不显著，说明模型拟合度不佳，不适合用来做回归分析。

模型 D2 是在模型 D1 的基础上，加入自变量一般性图式和特殊性图式。该模型的 R^2 为 0.167，说明加入一般性图式和特殊性图式后，模型的解释力显著增加了 11.8%，达到了 16.7%。整体模型 F 值为 2.940（P<0.01），模型拟合度良好。方差膨胀因子（VIF）最大值为 1.506，远小于 10，说明多重共线性问题不严重。层级回归结果表明：创业者一般性图式对扫描持续程度的负向影响关系通过检验，其标准化系数为-0.179（P<0.05），假设 5b 得到支持；创业者特殊性图式对扫描持续程度的正向影响关系通过检验，其标准化系数为 0.271（P<0.01），假设 5d 得到支持。

（三）环境扫描的中介效应分析

环境扫描中介效应的层级回归结果如表 4-17 所示。模型 E1 是控制变量对因变量商业模式创新性的回归模型，E2 是控制变量、自变量一般性图式、自变量特殊性图式对因变量商业模式创新性的回归模型，E3 是控制变量、自变量一般性图式、自变量特殊性图式、中介变量不熟悉领域扫描、中介变量特殊性图式扫描、中介变量扫描努力程度、中介变量扫描持续程度对因变量商业模式创新性的回归模型。

表 4-17　环境扫描中介效应的层级回归结果

因变量	商业模式创新性		
	模型 E1	模型 E2	模型 E3
性别	0.051	0.034	0.000
年龄	0.004	-0.043	-0.013
教育水平	0.070	0.056	0.019
企业年龄	-0.062	0.052	0.045
行业	0.159*	0.187***	0.159***
创建时资产规模	-0.162*	-0.043	-0.011
地区	0.173*	0.164**	0.099
一般性图式		-0.530***	-0.417***
特殊性图式		0.293***	0.158**
不熟悉领域扫描			-0.090
行业外领域扫描			0.154*
扫描努力程度			0.190***
扫描持续程度			0.250***
R square	0.075	0.487	0.622
Adjusted R^2	0.027	0.453	0.584
R square change	0.075	0.412***	0.135***
F-value	1.558	13.950***	16.205***
VIF（max）	1.463	1.506	2.443

注：* 表示 P＜0.1，** 表示 P＜0.05，*** 表示 P＜0.01。
资料来源：笔者整理（样本量＝142）。

在模型 E1 中，检验了性别、年龄、教育水平、企业年龄、行业、创建时资产规模、地区 7 个控制变量对因变量商业模式创新性的关系。该模型的

R^2 为 0.075，说明控制变量解释了总体变异的 7.5%。方差膨胀因子（VIF）最大值为 1.463，远小于 10，说明多重共线性问题不严重。F 值为 1.558，模型拟合度不佳，不适合用来做回归分析。

模型 E2 是在模型 E1 的基础上，加入自变量一般性图式与自变量特殊性图式。该模型的 R^2 为 0.487，说明加入一般性图式与特殊性图式后，模型的解释力显著增加了 41.2%，达到了 48.7%。整体模型 F 值为 13.950（$P < 0.01$），模型拟合度良好。方差膨胀因子（VIF）最大值为 1.506，远小于 10，说明多重共线性问题不严重。层级回归结果表明：创业者一般性图式对商业模式创新性具有显著的负向影响关系，其标准化系数为–0.530（$P < 0.01$），假设 1a 得到支持；创业者特殊性图式对商业模式创新性具有显著的正向影响关系，其标准化系数为 0.293（$P < 0.01$），假设 1b 得到支持。

模型 E3 是在上文模型 E2 的基础上，加入中介变量不熟悉领域扫描、行业外领域扫描、扫描努力程度、扫描持续程度。该模型的 R^2 为 0.622，说明加入环境扫描的四个中介变量后后，模型的解释力显著增加了 13.5%，达到了 62.2%。模型 F 值为 16.205（$P < 0.01$），模型拟合度良好。方差膨胀因子（VIF）最大值为 2.443，远小于 10，说明多重共线性问题不严重。层级回归结果表明：行业外领域扫描、扫描努力程度、扫描持续程度三个中介变量对商业模式创新性具有显著的正向影响关系，系数分别为 0.154（$P < 0.1$）、0.190（$P < 0.01$）、0.250（$P < 0.01$），假设 3b、假设 6a、假设 6b 得到支持；不熟悉领域扫描对商业模式创新性不存在显著的影响关系，假设 3a 没有得到支持。

中介效应方面：在加入四个中介变量后，一般性图式对商业模式创新性仍然呈现显著负向影响关系，其标准化系数为–0.417（$P < 0.01$），该系数的绝对值小于模型 E2 的标准化系数–0.530 的绝对值，但由于在上文模型 A2 与模型 B2 中，一般性图式对不熟悉领域及一般性图式对行业外领域的关系并未通过检验，因而仅能判定扫描努力程度与扫描持续程度在一般性图式与商业模式创新性关系之间发挥中介效应，也即假设 7a 与假设 7b 得到支持，而假设 4a 与假设 4b 则没有得到支持；在加入四个中介变量后，特殊性图式对商业模式创新性仍然呈现显著正向影响关系，其标准化系数为 0.158（P <

0.05)，该系数的绝对值小于模型 E2 的标准化系数 0.293 的绝对值，但由于在模型 E3 中，不熟悉领域扫描对商业模式创新性的关系并未通过检验，因而仅能判定行业外领域扫描、扫描努力程度与扫描持续程度在特殊性图式与商业模式创新性关系之间发挥中介效应，也即假设 4b、假设 7c 与假设 7d 得到支持，而假设 4c 则没有得到支持。

（四）稳健性检验

1. 筛选样本检验结论稳健性

从正式调查样本中筛选出部分样本再次进行回归分析是检验研究结论稳健性的常用方法（叶文平等，2017），但前提是确定一个合适的筛选标准。本书基于创业者先前经验来计算一般性图式与特殊性图式得分，主要以有经验的创业者所创建的新创企业作为研究对象，但也包含少部分创业者先前行业内外经验均为 0 的样本。有研究指出，创业者经验有无往往会造成创业者决策逻辑及新创企业成长情况也呈现出显著差异性（Barringer et al.，2005；Jones and Casulli，2014）。为了避免创业者经验有无的干扰，本书剔除了 10 个创业者先前行业内外经验均为 0 的样本，基于剩余的 132 个有效样本对前文研究结论进行稳健性检验。

表 4-18　筛选样本检验认知图式与环境扫描领域关系的稳健性

因变量	环境扫描领域			
	不熟悉领域扫描		行业外领域扫描	
	模型 F1	模型 F2	模型 F3	模型 F4
性别	0.005	-0.017	-0.064	-0.084
年龄	0.173**	0.193**	0.238***	0.258***
教育水平	0.251***	0.242***	0.258***	0.249***
企业年龄	0.158*	0.203**	0.028	0.066
行业	-0.018	-0.010	0.151*	0.157*
创建时资产规模	-0.003	0.064	-0.048	0.009
地区	0.290***	0.275***	0.380***	0.368***
一般性图式		-0.164*		-0.135
特殊性图式		0.214**		0.187**
R square	0.127	0.217	0.210	0.276

续表

因变量	环境扫描领域			
	不熟悉领域扫描		行业外领域扫描	
	模型 F1	模型 F2	模型 F3	模型 F4
Adjusted R^2	0.078	0.159	0.165	0.223
R square change	0.127**	0.090***	0.210***	0.066***
F-value	2.574**	3.760***	4.700***	5.166***
VIF（max）	1.430	1.433	1.430	1.433

注：* 表示 P<0.1，** 表示 P<0.05，*** 表示 P<0.01。
资料来源：笔者整理（样本量 = 132）。

表 4-18 给出了在筛选样本后，创业者认知图式与环境扫描领域关系的回归分析结果。该表显示，特殊性图式对不熟悉领域扫描、行业外领域扫描的正向影响关系显著，假设 2c、假设 2d 仍然通过检验，与先前研究结论一致。

表 4-19　筛选样本检验认知图式与环境扫描强度关系的稳健性

因变量	环境扫描强度			
	扫描努力程度		扫描持续程度	
	模型 G1	模型 G2	模型 G3	模型 G4
性别	0.157	0.133	0.079	0.051
年龄	-0.115	-0.126	-0.144	-0.117
教育水平	0.092	0.082	0.040	0.028
企业年龄	-0.087	0.001	0.033	0.089
行业	0.041	0.059	-0.004	0.005
创建时资产规模	-0.139	-0.039	-0.074	0.008
地区	0.079	0.053	0.073	0.055
一般性图式		-0.377***		-0.200**
特殊性图式		0.271***		0.265***
R square	0.065	0.335	0.033	0.171
Adjusted R^2	0.012	0.428642	-0.021	0.109
R square change	0.065	0.271***	0.033	0.137***
F-value	1.223	6.836***	0.608	2.789***
VIF（max）	1.430	1.433	1.430	1.433

注：* 表示 P<0.1，** 表示 P<0.05，*** 表示 P<0.01。
资料来源：笔者整理（样本量 = 132）。

表 4-19 给出了在筛选样本后，创业者认知图式与环境扫描强度关系的回归分析结果。该表显示：一般性图式对扫描努力程度、扫描持续程度的负向影响关系显著，假设 5a、假设 5b 仍然通过检验，与先前研究结论一致；特殊性图式对扫描努力程度、扫描持续程度的正向影响关系显著，假设 5c、假设 5d 仍然通过检验，与先前研究结论一致。

表 4-20　筛选样本检验环境扫描中介效应的稳健性

因变量	商业模式创新性		
	模型 H1	模型 H2	模型 H3
性别	0.038	0.019	0.000
年龄	0.010	-0.044	-0.016
教育水平	0.070	0.063	0.032
企业年龄	-0.071	0.049	0.045
行业	0.176*	0.203***	0.161***
创建时资产规模	-0.125	-0.008	0.003
地区	0.163	0.129*	0.079
一般性图式		-0.561***	-0.452***
特殊性图式		0.263***	0.153**
不熟悉领域扫描			-0.148*
行业外领域扫描			0.189**
扫描努力程度			0.157*
扫描持续程度			0.241***
R square	0.069	0.527	0.644
Adjusted R^2	0.016	0.492	0.605
R square change	0.069	0.458***	0.118***
F-value	1.312	15.086***	16.438***
VIF（max）	1.430	1.433	2.349

注：* 表示 P<0.1，** 表示 P<0.05，*** 表示 P<0.01。
资料来源：笔者整理（样本量 = 132）。

表 4-20 给出了在筛选样本后，环境扫描在创业者认知图式与商业模式创新性关系之间的中介效应回归分析结果。该表显示：一般性图式与特殊性

图式分别对商业模式创新性的负向与正向影响关系显著，假设 1a、假设 1b 仍然通过检验，与先前研究结论一致；行业外领域扫描、扫描努力程度、扫描持续程度对商业模式创新性的正向影响关系显著，假设 3b、假设 6a、假设 6b 仍然通过检验，与先前研究结论一致；行业外领域扫描在特殊性图式与商业模式创新性之间发挥中介效应，假设 4d 仍然通过检验；扫描努力程度、扫描持续程度在两种认知图式与商业模式创新性之间都发挥着中介效应，假设 7a、假设 7b、假设 7c、假设 7d 仍然通过检验。

总的来说，筛选样本后再次进行回归分析发现，前文研究中通过检验的变量间假设关系在稳健性分析中依然显著，与前文研究结论一致，因而结论是稳健的。

2. 替换关键变量测量方法检验结论稳健性

使用不同方法重新测量自变量或因变量这两个关键变量，并基于新的测量结果再次进行回归分析是检验研究结论稳健性的另一种常用方法（如李新春等，2016），因而本书进一步通过对商业模式创新性采取不同的测量方法进行稳健性检验。国内有不少学者使用了 Zott 和 Amit（2007）的量表测量商业模式创新性，他们的量表多只包括原始量表的部分题项，本书所采用的量表能够涵盖这些题项。因此，本书通过借鉴刘小元和林嵩（2015）检验研究结论稳健性的做法，并参考魏泽龙等（2017）的测量量表，删除了“公司持续地推动商业模式创新”题项，使用剩余 8 个题项测量商业模式创新性进行稳健性检验。环境扫描中介效应的稳健性检验回归结果如表 4-21 所示，该结果与前文研究结论一致，因而结论是稳健的。

表 4-21　替换关键变量测量方法检验环境扫描中介效应的稳健性

因变量	商业模式创新性		
	模型 I1	模型 I2	模型 I3
性别	0.052	0.037	0.005
年龄	-0.004	-0.054	-0.029
教育水平	0.083	0.068	0.031
企业年龄	-0.059	0.054	0.046

续表

因变量	商业模式创新性		
	模型 I1	模型 I2	模型 I3
行业	0.158***	0.187***	0.160***
创建时资产规模	-0.155***	-0.039	-0.010
地区	0.176***	0.169**	0.104
一般性图式		-0.529***	-0.422***
特殊性图式		0.282***	0.154**
不熟悉领域扫描			-0.074
行业外领域扫描			0.147*
扫描努力程度			0.181**
扫描持续程度			0.227***
R square	0.074	0.478	0.594
Adjusted R^2	0.026	0.442	0.553
R square change	0.074	0.403***	0.117***
F-value	1.532	13.407***	14.421***
VIF (max)	1.463	1.506	2.443

注：* 表示 $P<0.1$，** 表示 $P<0.05$，*** 表示 $P<0.01$。
资料来源：笔者整理（样本量 = 142）。

三、实证分析结果总结

综上所述，本章研究的实证分析结果如表 4-22 所示。

表 4-22 本章研究实证分析结果汇总

假设	内容	结果
假设 1a	一般性图式与商业模式创新性负相关	支持
假设 1b	特殊性图式与商业模式创新性正相关	支持
假设 2a	一般性图式与不熟悉领域扫描负相关	不支持
假设 2b	一般性图式与行业外领域扫描负相关	不支持
假设 2c	特殊性图式与不熟悉领域扫描正相关	支持
假设 2d	特殊性图式与行业外领域扫描正相关	支持

续表

假设	内容	结果
假设 3a	不熟悉领域扫描与商业模式创新性正相关	不支持
假设 3b	行业外领域扫描与商业模式创新性正相关	支持
假设 4a	不熟悉领域扫描在一般性图式与商业模式创新性之间发挥着中介效应	不支持
假设 4b	行业外领域扫描在一般性图式与商业模式创新性之间发挥着中介效应	不支持
假设 4c	不熟悉领域扫描在特殊性图式与商业模式创新性之间发挥着中介效应	不支持
假设 4d	行业外领域扫描在特殊性图式与商业模式创新性之间发挥着中介效应	支持
假设 5a	一般性图式与扫描努力程度负相关	支持
假设 5b	一般性图式与扫描持续程度负相关	支持
假设 5c	特殊性图式与扫描努力程度正相关	支持
假设 5d	特殊性图式与扫描持续程度正相关	支持
假设 6a	扫描努力程度与商业模式创新性正相关	支持
假设 6b	扫描持续程度与商业模式创新性正相关	支持
假设 7a	扫描努力程度在一般性图式与商业模式创新性之间发挥着中介效应	支持
假设 7b	行业持续程度在一般性图式与商业模式创新性之间发挥着中介效应	支持
假设 7c	扫描努力程度在特殊性图式与商业模式创新性之间发挥着中介效应	支持
假设 7d	扫描持续程度在特殊性图式与商业模式创新性之间发挥着中介效应	支持

资料来源：笔者整理。

第四节　实证结果的讨论与解释

本节将结合上文研究发现、当前理论进展及商业模式实践，进一步讨论各变量之间的作用关系及机制。下文将重点围绕创业者认知图式、环境扫描活动及商业模式创新性之间的关系展开讨论。

一、创业者认知图式与商业模式创新性的关系分析

创业者认知图式对于创业活动有着十分重要的影响，这种影响不仅取决

于认知图式的丰富程度，更取决于认知图式的类型，不同类型的认知图式往往会导致创业活动的方向与效果差异很大。认知图式来源于先前经验积累，不同类型的经验塑造了不同类型的认知图式。以往创业领域研究按照多个标准对经验类型进行了区分，有的学者按照工作职能进行区分（Colombo and Grilli，2005），有的学者按照地域或行业相似性进行区分（Toft-Kehler et al.，2014），还有的学者则将经验区分为管理经验与创业经验（Politis，2005）。鉴于互联网技术加速了行业融合，不少创新性想法受到其他行业工作经验影响的现实，本书主要根据行业相似性来区分经验类型，并进一步基于新制度理论，界定出了一般性图式与特殊性图式两种类型的认知图式。

本书的数据分析结果显示，一般性图式会使得创业者不太可能设计出高创新性的商业模式，而丰富的特殊性图式则会导致创业者倾向于设计出高创新性的商业模式。这一结论与制度创业研究发现相一致，该领域研究强调位于场域边缘的组织更热衷于制度变革（Maguire et al.，2004）。从制度创业者个体看，Cliff 等（2006）的研究也发现，如果创业者先前在场域边缘组织或者场域外组织工作，那么他们会质疑当前场域内的流行经营模式，热衷于采用新型经营模式；如果创业者先前在场域核心组织工作，那么他们仍然会坚持采用并维护当前场域内的流行经营模式。

根据研究结论，创业者之所以会设计出创新性不同的商业模式，归根结底还是与自身所储备的知识有关。虽然高创新性的商业模式并不一定是最合适的选择，但如果创业者想依靠高创新性的商业模式来建立竞争优势，而自己又没有相应的经验可供借鉴的情况下，有必要加大权力下放力度，并考虑吸纳行业外的优秀人才加入到创业团队中，为商业模式设计过程提供独特的见解。

二、环境扫描活动与商业模式创新性的关系分析

新的信息会带来更多创新机会，也更有助于创新成功，这一点在创新研究领域已经得到了广泛认同。新的信息来自于创业者的独特环境扫描活动，这需要他们跳出固有偏见，重视那些与常规认识不相同，甚至看似不合理的环境信息。从不熟悉领域或行业外领域能够直接获得新的信息，加强扫描努力程度与扫描持续程度能够提升获取新的信息的可能性。上述观点在产品创

新、技术创新等领域已经得到了充分证实（Li et al.，2013；Ferreras-Méndez et al.，2015）。在商业模式研究领域，学者们也发现，通过借鉴与修正行业外商业模式做法，创业者能够设计出具有颠覆性色彩的商业模式（Martins et al.，2015）。

本书的数据分析结果显示，当创业者越多扫描行业外领域信息、扫描努力程度越高、扫描持续程度越高时，就越有可能设计出创新性较高的商业模式。这些研究发现与先前创新领域研究结论相一致。然而，虽然很多创新领域研究已经证实，越多扫描不熟悉领域信息，就越有可能提升产品或技术创新程度，但不熟悉领域扫描与商业模式创新性之间的作用关系在本书中却并未通过数据检验。具体原因可能是，扫描行业外领域信息的创业者通常十分明确需要关注哪些目标行业，但扫描不熟悉领域信息的创业者却很难实现这一点，导致所收集到的信息通常比较杂乱，不容易从中提炼出可行的高创新性的商业模式。

根据研究结论，环境扫描活动能够为创业者的商业模式设计过程提供丰富的参考信息。设计出高创新性的商业模式虽然需要创业者的独特构思能力，但通过提升对行业外领域信息的关注程度，增强环境扫描努力与持续程度，创业者可以借助新的信息，同样能够设计出高创新性的商业模式。因此，创业者在强调创新构思的同时，也应对独特的环境扫描活动予以重视。

三、创业者认知图式与环境扫描活动的关系分析

独特的环境扫描活动对于设计出高创新性的商业模式而言非常重要，那么什么样的创业者更倾向于开展这种活动？创新领域研究很少关注该问题，但创业领域在这一方面却开展了较为深入的探索，相关研究聚焦于分析拥有丰富工作或创业经验的专家型创业者如何看待外部环境，以及由此所带来的创业活动结果。这些研究发现，专家型创业者会基于源自经验的认知图式与外部环境状况的相似程度，采用不同方式看待外部环境。当两者相似度高时，专家型创业者多依靠直觉进行决策，很少关注外部环境信息，也不会很努力地开展环境扫描活动；当两者相似度低时，直觉式决策不再适用，专家型创业者将会为环境扫描活动投入大量时间与精力，并进一步通过类别推

理、结构化匹配等方式来解读环境信息，做出最终决策（Jones and Casulli，2014；Mueller and Shepherd，2016）。

本书立足于上述观点，数据分析结果与这些研究较为一致。具体来说，一般性图式会导致创业者的扫描努力程度与持续程度降低；特殊性图式会驱使创业者十分关注不熟悉领域信息与行业外领域信息，并导致创业者投入较大努力与较长时间来开展环境扫描活动。一般性图式与不熟悉领域扫描及行业外领域扫描的负向关系并未通过验证，原因可能是即使在行业内部，信息技术也会不断催生出大量的新信息，而来自行业外的新信息更会不断颠覆当前行业秩序，尽管创业者对这些新信息不熟悉，但由于它们会极大影响本行业的传统营商规则，所以同样需要关注。

四、环境扫描活动的中介效应分析

结合上文分析，环境扫描活动在创业者认知图式与商业模式创新性关系中起到了中介效应。战略认知学者考察了这种作用，但多数仅围绕扫描方式、扫描宽度、扫描深度展开分析（Daft et al.，1988；May et al.，2000），很少进一步探讨扫描强度的中介效应。本书综合分析了扫描领域与扫描强度在创业者认知图式与商业模式创新性关系中的中介效应，能够弥补上述研究不足。

本书的数据分析结果显示，扫描努力程度及扫描持续程度在一般性图式与商业模式创新性的关系之间起到了部分中介效应，说明一般性图式会导致创业者热衷于简化决策，很不情愿花费时间与精力去关注外部信息，这是最终导致他们无法设计出高创新性的商业模式的重要原因。该发现与战略认知相关研究结论基本一致，如 Hambrick（1982）发现，保守型管理者较少关注环境变迁信息，不太可能做出创新型战略决策。行业外领域扫描、扫描努力程度及扫描持续程度在特殊性图式与商业模式创新性的关系之间起到部分中介效应，说明特殊性图式之所以会驱使创业者设计出高创新性的商业模式，部分原因是他们重视环境扫描活动，愿意为环境扫描活动投入大量的时间与经历，十分关注行业外的新信息与新知识，从而使得他们更容易生成新的商业模式设计思想。

第五章　新创企业商业模式的绩效影响机制研究

本章以创新性高低为标准来衡量新创企业商业模式特征，在提出商业模式创新性与新创企业绩效之间关系以及资源整合对这种关系调节效应的相关理论假设基础上，利用调查数据的统计分析来检验这些理论假设。本章关注图 3-3 所示理论模型的右侧“研究二”部分，图 5-1 是本章的具体研究模型，注重于解释创业者的资源整合方式对商业模式创新性与新创企业绩效关系的调节效应，从而回答本书的第二个研究问题：创业者的资源整合方式如何影响高创新性商业模式的绩效表现？

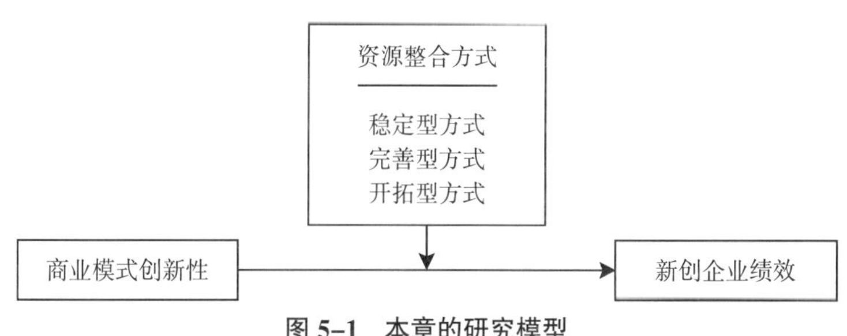

图 5-1　本章的研究模型

本章的内容安排如下：首先借鉴资源管理理论观点，并结合先前研究发现，构建起研究假设；其次详细介绍了研究变量的测量手段及本章研究所用到的分析方法；最后对数据统计分析结果进行了解释与讨论，并总结了研究发现与后续研究建议。

第一节 理论推导与假设构建

结合前文所述，高创新性商业模式本身并不能保证新创企业拥有良好的绩效，创业者还需要构建起合适的资源结构以支持高创新性商业模式的有效执行，不同类型资源结构对高创新性商业模式的支持作用并不相同。资源结构来源于创业者的资源整合活动，不同类型的资源整合方式会造就差异化的资源结构。根据这一判断，本书结合已有相关研究成果，从理论层面阐述商业模式创新性、资源整合方式与新创企业绩效之间的理论关系，论证不同类型的资源整合活动对商业模式创新性与新创企业绩效关系的调节效应，构建起有待验证的研究假设，旨在发掘出商业模式创新性与创业者资源整合活动之间的匹配关系。

一、商业模式创新性与新创企业绩效

参考 Zott 和 Amit（2008）研究中所使用的数学模型来理论推导变量间关系，由于商业模式作为独立分析单元尚未形成较为系统的理论解释逻辑，因而与纯粹的文字表述形式相比，采用数学模型有助于推导过程更为规整与缜密。Zott 和 Amit（2008）的模型是在 Brandenburger 和 Stuart（1996）的模型基础上发展而来的，关注由一家企业、一位顾客、一家供应商所构成的简单静态背景中，商业模式所包含的交易活动的价值创造情况，而非企业特定产品或服务的价值创造情况。

理论推导所使用的数学模型如式（5-1）所示：

$$TVA = \sum_t \{ [P(t) + \sum_i R_i(t) - \sum_i C_i(t) - C_F(t)] \times n(t) \} \tag{5-1}$$

该数学模型中的字母所代表变量的含义如表 5-1 所示。

新商业模式是对熊彼特创新思想的重要拓展，强调采用新的经济交易方式来创造价值，核心企业可以从中获取创新租金实现成长。商业模式的创新

表 5-1 数学模型中字母所示变量含义一览表

字母所示变量	变量含义
t	交易类型（t = 1，…，T）
T	商业模式所包含的交易类型的总数量
P(t)	在交易 t 中，一位顾客为获取一件商品或服务而需支付的价格
F	新创企业
i	新创企业的供应商与合作者（i = 1，…，I）
I	新创企业的供应商与合作者的总数量
$R_i(t)$	在交易 t 中，新创企业与供应商/合作者 i 的交易中分配得到的收益
$C_i(t)$	在交易 t 中，新创企业与供应商/合作者 i 的交易中所需付出的成本
$C_F(t)$	在交易 t 中，新创企业使用自身资源的机会成本
n(t)	交易 t 所发生的平均数量
TVA	新创企业价值获取总量

资料来源：根据 Zott 和 Amit（2008）研究中 Table 2 的内容改编而来。

性越高，越有助于提升新创企业绩效，这主要体现在如下三个方面：

第一，提供数量较多的新的产品/服务或连接新的参与者是高创新性商业模式的重要特征之一，而针对所出现的新产品/服务与新参与者，新创企业必须相应地增加新交易类型来有效完成交易，也即 T 会增加。交易类型的增加意味着新创企业价值创造总数量的增加，自身也有很大机会分配到更多的价值（Zott and Amit，2007）。

第二，高创新性商业模式极力倡导采用新方式完成交易，这种方式在行业内是独特的，新创企业会因此而获得先行者优势，容易对商业模式参与者产生锁定效应（Amit and Zott，2001）。一方面，高创新性商业模式拥有吸引与保留顾客的优势，这种优势在一个强势品牌背景下更为显著，而在没有合适替代方案的情况下，顾客的转换成本会很高，因而新创企业在提升产品或服务价格方面拥有较大话语权，也即 P(t) 会增加。另一方面，为了参与到高创新性商业模式中，供应商与合作者会有针对性地投入大量资源，但这些资源却往往并不适用于其他模式，新创企业的讨价还价能力会因此而提升，并倾向于将交易成本压力转移给供应商或合作者，也即 $C_i(t)$ 会降低。

第三，高创新性商业模式能够大幅度改善传统交易方式的低效率，有助于交易数量的增加，也即 n(t) 会增加，电子商务对于传统零售模式的冲击就是十分典型的例子。

结合上述分析，高创新性商业模式会通过增加 T、P(t)、减少 $C_i(t)$ 与增加 n(t) 而提升新创企业绩效，因而本书提出如下假设：

假设 8：商业模式创新性与新创企业绩效正相关。新创企业商业模式的创新性越高，越有可能取得好的绩效结果。

二、资源整合方式的调节效应

根据前文分析，创业者可以采用稳定型、完善型或开拓型三种方式整合企业资源，这些方式所塑造的资源结构对高创新性商业模式的支持力度也有差异，在缺少合适资源结构支持的背景下，尽管高创新性商业模式拥有更为丰富的价值潜力，但却并不能够促进企业成长，甚至会损害企业绩效。

采用稳定型资源整合方式的创业者强调长期按照资源结构整合资源，不仅不会考虑为企业经营活动引入新型资源，而且还会强化资源及资源连接方式，无法为高创新性商业模式提供有力支持的新资源结构。

一方面，创业者乐于采用稳定型资源整合方式是认知惯性的体现，他们认为创建企业时所构建的资源结构能够有效回避环境不确定性风险，因而会持续围绕该结构进行投资，并不情愿更改资源结构。从商业模式设计角度说，不断引入新的交易类型是设计出高创新性商业模式的必备条件，但如果没有新型资源与资源结构的支持，这些新型交易通常很难达成（Aspara et al., 2013）。这即是说，稳定型资源整合方式会约束新的交易类型出现，也即 T 会减少。例如，结合 Mehrizi 和 Lashkarbolouki（2016）的研究，在商业模式设计过程中，如果创业者通过强化资源结构来完善商业模式，只能使这些商业模式中已有的交易类型更有活力，不能带来新的交易类型。

另一方面，根据资源基础观的理论观点，能够为企业带来竞争优势的资源必须是有价值的、独特的、稀缺的、不可模仿的（Barney，1991）。因此，当资源失去这些特性时，它们将无法在激烈竞争的环境中为企业提供保护。在商业模式研究中，George 和 Bock（2011）的研究指出，企业要想基于商业模式建立起可持续竞争优势，除了保证商业模式本身具有独特性之外，还必

须为该模式构建起不容易被竞争者模仿的资源结构。采用稳定型资源整合方式的创业者热衷于长期坚持企业创建时的资源结构，但随着商业模式设计过程的开展，竞争者能够较为容易地模仿这种资源结构，使得市场竞争激烈程度增强，新创企业基于高创新性商业模式建立起来的讨价还价能力会剧烈下降，这不仅会降低顾客购买价格 P(t)，而且还会增加新创企业的交易成本 $C_i(t)$，e 代驾败于滴滴打车是十分典型的事例。

结合上述分析，稳定型资源整合方式会导致 T 减少、P(t) 降低、$C_i(t)$ 增加，不能够支持高创新性商业模式的有效执行，从而降低高创新性商业模式的绩效表现，因而本书提出如下假设：

假设 9a：稳定型方式负向调节商业模式创新性与新创企业绩效之间的关系。当创业者热衷于采用稳定型资源整合方式来整合企业资源时，商业模式的创新性越高，新创企业绩效越差。

采用完善型资源整合方式的创业者同样强调对已有资源的充分利用，但却会考虑深入发掘已有资源中尚未被发掘出来的价值潜力，并尝试采用新的方式将已有资源加以连接，使得整合形成的资源结构会从多个方面为高创新性商业模式带来支持。新创企业自身所拥有的资源往往有限，尽管他们可以通过获取利益相关者资源来弥补自身资源储备的不足，但这种方式往往是以付出更大成本为代价的，如失去决策话语权（Gulati and Sytch，2007）。由于基于有限资源开展创业活动是新创企业的一种常态，因而创造性地整合这些资源是新创企业成功的关键（Sirmon et al.，2007；蔡莉和尹苗苗，2009），不仅能为顾客创造价值，而且也有助于更为高效地获取利益相关者资源。完善型资源整合方式是在强调已有资源基础上进一步创新资源结构，这可以从两个方面为高创新性商业模式带来有力支持。一方面，结合组织惯性研究观点，强调对已有资源的应用意味着利益相关者已经投资给新创企业的资源仍能够持续发挥效力，不会成为沉没成本（Mehrizi and Lashkarbolouki，2016），而且继续按照围绕这些资源进行投资是熟悉且可靠的，这可以提升采用新的交易方式的熟悉感（Chesbrough and Rosenbloom，2002），这都有助于增加交易数量 n(t)。另一方面，基于已有资源来创新资源结构尽管无法形成颠覆性的资源结构，但却同样能带来新的资源连接方式，这可以激发创业者开发新型交易方式的热情（Paladino，2007），有助于增加交易类型 T。例如，Halme 等（2012）认为，在缺少足够资源支持的情况下，跨国企业的内部创业者会通过采取资源拼凑策略，充分发掘已有资源的价值及彼此间的新连接方式，实现商业模式创新，而资源拼凑策略的应用也使他们可以获得公司高层的支持。另外，关于企业同时采用与管理两种商业模式的研究成果也有力地支持了上述观点（Velu and Stiles，2013；Benson-Rea et al.，2013；Kim and Min，2015）。

结合上述分析，创业者采用完善型资源整合方式会增加 T 与 n(t)，能够支持高创新性商业模式的有效执行，从而会提升高创新性商业模式的绩效表现，因而本书提出如下假设：

假设 9b：完善型方式正向调节商业模式创新性与新创企业绩效之间的关系。当创业者热衷于采用完善型资源整合方式来整合企业资源时，商业模式的创新性越高，新创企业绩效越好。

采用开拓型资源整合方式的创业者不会一味遵循资源结构，而是致力于不断为企业经营活动引入新型资源或改变正在使用的资源结构，这使得整合形成的资源结构对高创新性商业模式的支持程度较高。开拓型资源整合方式强调对企业资源进行持续重组，能够有力支持高创新性商业模式的有效执行。

首先，强调资源重组意味着新创企业倾向于采用资源导向战略，追求独特且难以模仿的资源结构，而在该资源结构的支持下，创业者会有信心与热情去开发任何商业机会，带来新的交易类型（Paladino，2007），也即交易类型的数量 T 会增加。

其次，强调资源重组的持续性意味着新创企业致力于培育动态能力，使得竞争者无法完全且快速地模仿新创企业的资源结构，迫使它们成为追随者（蔡莉和尹苗苗，2009），这能够增强新创企业基于高创新性商业模式所形成的讨价还价能力，因而较高的顾客购买价格 P(t) 容易长久保持，企业自身的交易成本压力 $C_i(t)$ 也会进一步降低，这都有助于新创企业获取可持续竞争优势。春秋航空是采用开拓型资源整合方式支持高创新性商业模式有效执行的典型事例，作为国内首家采用低成本航空模式的公司，它通过机型统一

化、取消免费供餐、整合春秋国旅销售系统等方式为该模式提供了新型资源结构支持，目前已成为国内排名前十的航空公司，并成功在A股上市。

结合上述分析，开拓型资源整合方式会导致T与P(t)增加、$C_i(t)$减少，能够支持高创新性商业模式的有效执行，从而会提升高创新性商业模式的绩效表现，因而本书提出如下假设：

假设9c：开拓型方式正向调节商业模式创新性与新创企业绩效之间的关系。当创业者热衷于采用开拓型资源整合方式来整合企业资源时，商业模式的创新性越高，新创企业绩效越好。

第二节　研究变量的测量方法

本章研究涉及商业模式创新性、资源整合方式、新创企业绩效三个主要变量，并同样在个体与企业层次上选择控制变量。其中，商业模式创新性的测量与上一章研究相同，控制变量的选取也与上一章研究相同，因而下文将主要阐述资源整合方式、新创企业绩效的测量方法。

一、资源整合方式

目前国内外关于资源整合方式的测量量表并不多见，学者们多是基于Sirmon等（2007）的理论建构研究来开发相应的测量量表，这又以同济大学李垣教授团队所开发的量表最为典型，该量表在吉林大学蔡莉教授团队的一系列研究中得到了验证与应用，研究成果分别刊发在《管理世界》《中国工业经济》、*Asia Pacific Journal of Management* 等国内外知名管理研究期刊中。

基于此，本书也将采用该量表来测量新创企业的资源整合方式。在这一量表中，资源整合包括稳定型、完善型、开拓型三种方式，每种方式都是一个独立的单维变量。其中，稳定型资源整合方式包括4个题项，如“公司热衷于对现有资源组合进行微调”“公司努力保持现有人员、技术、管理流程等基础性资源不发生显著变化”等；完善型资源整合方式包括4个题项，如

"公司热衷于提高现有资源（员工、设备）的质量""公司热衷于用更高质量的资源来替代现有资源"等；开拓型资源整合方式包括3个题项，如"公司热衷于用有创意的新方法对现有资源进行组合""公司热衷于创造性地将新的资源与现有资源加以组合"等。具体测量采用5点李克特量表，要求受访者根据量表中的题项表述公司资源整合方式实际情况的相符合程度进行打分，1代表完全不符合，5代表完全符合。

蔡莉和尹苗苗（2009）、Yi等（2016）均借鉴该量表开展了研究，这些研究的实证分析结果显示三个变量的Cronbach's α值都超过了0.7，说明该量表具有较好的信度水平。

二、新创企业绩效

目前，学者们关于新创企业绩效的测量并未达成共识，主观评价法与客观填答法在研究中均有使用，两者各有利弊，并无优劣之分，共同点是都倡导通过综合盈利与成长指标来反映新创企业绩效。比较来说，如果研究者能够得到公开财务报表数据，则会倾向于采用客观填答法测量新创企业绩效（Zott and Amit，2007），以避免因受访者记忆模糊或主观偏见而出现测量误差；而当研究者无法获得精确的公开财务报表数据时，尤其是在新创企业通常很少披露财务信息的情况下，主观评价法就成为更合适的绩效测量方法（Dess and Robinson，1984）。在当前"资源整合方式与新创企业绩效关系"的实证研究中，多数学者采用主观评价法测量新创企业绩效（如蔡莉和尹苗苗，2009；尹苗苗和马艳丽，2014）；而在"商业模式与企业绩效关系"的实证研究中，主观评价法也是十分常见的新创企业绩效测量方法（Huang et al.，2012；Gronum et al.，2016）。这些研究大多借鉴了Covin和Slevin（1989）的测量方法，将新创企业绩效界定为包括盈利指标与成长指标的单维变量，分别测量创业者对近三年来各项绩效指标的满意程度，并汇总成一个综合数值来反映新创企业的整体绩效表现。

结合上述分析，本书也将借鉴Covin和Slevin（1989）的主观评价法测量新创企业绩效。其中，盈利指标包括"净收益率""投资收益率""市场占有率"3个子指标；成长指标包括"净收益增长速度""销售额增长速度"

“雇员数量增长速度”“产品或者服务增长速度”“市场份额增长速度”“资金周转速度”6个子指标。具体测量采用5点李克特量表，要求受访者围绕9个绩效子指标，评判自身对公司近3年绩效表现的满意程度，如果公司成立不满3年，则要求他们对近2年或上一年度公司绩效表现的满意程度进行评判，1代表完全不满意，5代表完全满意。

蔡莉和尹苗苗（2009）利用该量表开展了研究，实证分析结果证实了新创企业绩效的单维属性，也显示该变量的 Cronbach's α 值超过了0.7，说明量表具有较好的信度水平。

第三节　实证分析

本节将通过信度分析与验证性因子分析来判断数据的质量情况，并在此基础上，运用多元回归分析来检验资源整合方式对商业模式创新性与新创企业绩效关系的调节效应。

一、主要变量的信度效度分析及处理

（一）新创企业绩效的信度与效度分析

首先，对新创企业绩效的9个测量题项的均值、标准差、偏度和峰度进行描述性统计分析。如表5–2所示，新创企业绩效各题项的最大值为3.68，最小值为3.35，说明创业者认为自己的企业具有较好的绩效水平。各测量题项的偏度绝对值均小于2，同时峰度绝对值均小于5，可以判定所测量指标的数据呈现正态分布。

表5–2　新创企业绩效的测量条目描述

测量条目	均值	标准差	偏度	峰度	CITC	删除该条目的 α
公司近3年的净收益率	3.58	0.802	–0.508	0.174	0.543	0.869
公司近3年的投资收益率	3.61	0.996	–0.537	–0.121	0.599	0.864

续表

测量条目	均值	标准差	偏度	峰度	CITC	删除该条目的 α
公司近 3 年的市场占有率	3.35	1.066	-0.229	-0.620	0.717	0.853
公司近 3 年的净收益增长速度	3.41	1.060	-0.373	-0.386	0.647	0.860
公司近 3 年的销售额增长速度	3.51	1.070	-0.670	-0.137	0.690	0.856
公司近 3 年的雇员数量增长速度	3.49	1.037	-0.446	-0.392	0.476	0.875
公司近 3 年的产品或者服务增长速度	3.68	0.933	-0.600	-0.021	0.532	0.870
公司近 3 年的市场份额增长速度	3.55	1.062	-0.563	-0.282	0.717	0.853
公司近 3 年的资金周转速度	3.57	0.926	-0.618	0.076	0.632	0.861

资料来源：笔者整理（样本量=142）。

其次，本书对新创企业绩效量表进行了信度分析，发现总体 Cronbach's α 系数为 0.875，根据 DeVellis（1991）的观点，这是一个非常好的信度水平（0.80~0.90），说明该量表具有非常好的内部一致性。另外，根据表 5-2 所示的信度分析结果，发现所有测量题项的校正项总体相关系数值（Corrected Item-Total Coreelation，CITC）均比较高，删除某一题项后也并不能显著提升量表总体信度水平，因而在进一步的分析中将保留所有题项。

最后，本书运用 Mplus 7.0 软件，对新创企业绩效进行验证性因子分析，以检验该量表的建构效度。分析结果如表 5-3 所示。根据该表所示，各条目与构念之间的因子载荷均在 0.01 的水平上显著，最小值为 0.531，大于 0.4 的最低载荷标准。另外，$\chi^2/df = 2.320$，略大于 2.0 的标准；CFI = 0.939，TLI = 0.911，均大于 0.90 的标准；RMSEA = 0.096，略大于 0.05 的标准；SRMR = 0.044，小于 0.08 的标准。总体而言，该测量模型的拟合度较好，表明该量表的建构效度比较理想。

（二）资源整合方式的信度与效度分析

资源整合方式包括稳定型、完善型、开拓型三种方式，下文将对这三种资源整合方式的信度与效度进行分析检验。

1. 稳定型方式的信度分析

首先，对稳定型方式的 4 个测量题项的均值、标准差、偏度和峰度进行描述性统计分析。如表 5-4 所示，稳定型方式各题项的最大值为 3.87，最小

表 5-3　新创企业绩效的验证性因子分析结果

测量条目	因子载荷	拟合指标
公司近 3 年的净收益率	0.531***	χ^2/df = 2.320 RMSEA = 0.096 CFI = 0.939 TLI = 0.911 SRMR = 0.044
公司近 3 年的投资收益率	0.621***	
公司近 3 年的市场占有率	0.764***	
公司近 3 年的净收益增长速度	0.747***	
公司近 3 年的销售额增长速度	0.764***	
公司近 3 年的雇员数量增长速度	0.553***	
公司近 3 年的产品或者服务增长速度	0.537***	
公司近 3 年的市场份额增长速度	0.797***	
公司近 3 年的资金周转速度	0.654***	

注：*** 表示 P < 0.01。
资料来源：笔者整理（样本量 = 142）。

值为 3.64。各测量题项的偏度绝对值均小于 2，同时峰度绝对值均小于 5，可以判定所测量指标的数据呈现正态分布。

表 5-4　稳定型资源整合方式的测量条目描述

测量条目	均值	标准差	偏度	峰度	CITC	删除该条目的 α
公司热衷于对现有资源组合进行微调	3.80	0.917	−0.661	0.250	0.484	0.593
公司热衷于增加现有资源数量	3.87	0.969	−0.770	0.328	0.441	0.618
公司热衷于重建那些遭到削弱的现有资源组合	3.71	0.986	−0.651	−0.037	0.470	0.600
公司努力保持现有人员、技术、管理流程等基础性资源不发生显著变化	3.64	1.020	−0.694	0.204	0.433	0.625

资料来源：笔者整理（样本量 = 142）。

其次，本书对新创企业绩效量表进行了信度分析，发现总体 Cronbach's α 系数为 0.675，满足 DeVellis（1991）所提的最低 0.65 的可接受信度标准，接近于 0.7 的相当好的水平，并且 Nunnally（1978）又进一步指出，如果测量题项的数目少于 6 个时，信度分析的 Cronbach α 系数大于 0.60 即可。因此，该量表具有较好的内部一致性。

另外，根据表 5-4 所示的信度分析结果，发现所有测量题项的校正项总体相关系数值（Corrected Item-Total Coreelation，CITC）均比较高，删除某一题项后也并不能显著提升量表总体信度水平，因而在进一步的分析中将保留所有题项。

2. 完善型方式信度分析

首先，对完善型方式的 4 个测量题项的均值、标准差、偏度和峰度进行描述性统计分析。如表 5-5 所示，完善型方式各题项的最大值为 3.93，最小值为 3.80。各测量题项的偏度绝对值均小于 2，同时峰度绝对值均小于 5，可以判定所测量指标的数据呈现正态分布。

表 5-5　完善型资源整合方式的测量条目描述

测量条目	均值	标准差	偏度	峰度	CITC	删除该条目的 α
公司热衷于提高现有资源（员工、设备）的质量	3.85	0.917	–0.805	0.736	0.495	0.587
公司热衷于将更好的资源添加到不断变化的资源组合中	3.93	0.904	–0.794	0.849	0.437	0.626
公司热衷于用更高质量的资源来替代现有资源	3.80	0.909	–0.805	0.756	0.369	0.668
公司热衷于更加有效与高效率地利用资源	3.87	0.932	–0.636	0.129	0.540	0.556

资料来源：笔者整理（样本量 = 142）。

其次，本书对新创企业绩效量表进行了信度分析，发现总体 Cronbach's α 系数为 0.677，满足 DeVellis（1991）所提的最低 0.65 的信度标准，接近于 0.7 的相当好的水平，并且 Nunnally（1978）又进一步指出，如果测量题项的数目少于 6 个时，信度分析的 Cronbach α 系数大于 0.60 即可。因此，该量表具有较好的内部一致性。

另外，根据表 5-5 所示的信度分析结果，发现所有测量题项的校正项总体相关系数值（Corrected Item-Total Coreelation，CITC）均比较高，删除某一题项后也并不能显著提升量表总体信度水平，因而在进一步的分析中将保留所有题项。

3. 开拓型方式信度分析

首先，对开拓型方式的 3 个测量题项的均值、标准差、偏度和峰度进行描述性统计分析。如表 5-6 所示，开拓型方式各题项的最大值为 4.05，最小值为 3.89。各测量题项的偏度绝对值均小于 2，同时峰度绝对值均小于 5，可以判定所测量指标的数据呈现正态分布。

表 5-6　开拓型资源整合方式的测量条目描述

测量条目	均值	标准差	偏度	峰度	CITC	删除该条目的 α
公司热衷于用有创意的新方法对现有资源进行组合	3.89	0.951	-1.193	1.831	0.564	0.669
公司热衷于将新的资源组合到一起	3.94	0.897	-0.724	0.215	0.505	0.733
公司热衷于创造性地将新的资源与现有资源加以组合	4.05	0.870	-0.949	1.159	0.649	0.571

资料来源：笔者整理（样本量 = 142）。

其次，本书对新创企业绩效量表进行了信度分析，发现总体 Cronbach's α 系数为 0.745，满足 DeVellis（1991）所提的相当好的信度（0.7~0.8），说明该量表具有较好的内部一致性。

另外，根据表 5-6 所示的信度分析结果，发现所有测量题项的校正项总体相关系数值（Corrected Item-Total Coreelation，CITC）均比较高，删除某一题项后也并不能显著提升量表总体信度水平，因而在进一步的分析中将保留所有题项。

4. 资源整合方式的效度分析

本书运用 Mplus 7.0 软件，对资源整合方式进行验证性因子分析，以检验量表的建构效度。验证性因子分析结果如表 5-7 所示。根据该表所示，各条目与构念之间的因子载荷均在 0.01 的水平上显著，最小值为 0.439，大于 0.4 的载荷标准。另外，CFI = 0.910，大于 0.90 的标准；$\chi^2/df = 1.685$，小于 2.0 的标准；RMSEA = 0.069，略大于 0.05 的标准；TLI = 0.880，略小于 0.90 的标准；SRMR = 0.069，小于 0.08 的标准。总体而言，该测量模型的拟合度较好，表明该量表的建构效度比较理想。

表 5-7 资源整合方式的验证性因子分析结果

	测量条目	因子载荷	拟合指标
稳定型方式	公司热衷于对现有资源组合进行微调	0.634***	$\chi^2/df=1.685$ RMSEA = 0.069 CFI = 0.910 TLI = 0.880 SRMR = 0.069
	公司热衷于增加现有资源数量	0.537***	
	公司热衷于重建那些遭到削弱的现有资源组合	0.636***	
	公司努力保持现有人员、技术、管理流程等基础性资源不发生显著变化	0.530***	
完善型方式	公司热衷于提高现有资源（员工、设备）的质量	0.665***	
	公司热衷于将更好的资源添加到不断变化的资源组合中	0.574***	
	公司热衷于用更高质量的资源来替代现有资源	0.439***	
	公司热衷于更加有效与高效率地利用资源	0.675***	
开拓型方式	公司热衷于用有创意的新方法对现有资源进行组合	0.751***	
	公司热衷于将新的资源组合到一起	0.591***	
	公司热衷于创造性地将新的资源与现有资源加以组合	0.777***	

注：*** 表示 $P<0.01$。
资料来源：笔者整理（样本量 = 142）。

（三）研究变量的区分效度

在上述分析基础上，本书进一步通过构建比较嵌套测量模型，使用 Mplus 7.0 软件比较分析各种嵌套测量模型拟合度的方式检验本章研究变量之间的区分效度。

为此，本书构建了四个竞争性的比较嵌套测量模型：由于完善型资源整合方式和开拓型资源整合方式都强调对企业资源加以创造性组合，因而首先将两者加以合并，形成一个四因子模型；将稳定型资源整合方式、完善型资源整合方式与开拓型资源整合方式加以合并，形成一个三因子模型；将商业模式创新性、稳定型资源整合方式、完善型资源整合方式与开拓型资源整合方式加以合并，形成一个两因子模型；将全部因子加以合并，形成一个单因子模型。如表 5-8 所示，与四个竞争性的测量模型相比较，本书假设的基准模型（五因子模型）的拟合效果最为理想。这意味着，本章研究所涉及的 5 个研究变量具有较高的区分效度，能够代表 5 个不同的构念。

表 5–8　本章研究变量的区分效度分析

模型	χ^2	df	χ^2/df	RMSEA	SRMR	CFI	TLI
基准模型（五因子模型）	590.866	364	1.623	0.066	0.073	0.857	0.840
四因子模型	691.990	371	1.865	0.078	0.083	0.797	0.778
三因子模型	774.057	374	2.070	0.087	0.093	0.747	0.725
两因子模型	848.029	376	2.255	0.094	0.097	0.701	0.678
单因子模型	1231.261	377	3.266	0.126	0.133	0.460	0.418

资料来源：笔者整理（样本量 = 142）。

（四）控制变量处理

本章研究对于控制变量进行了虚拟处理，控制变量的选择与处理均与上一章相同，在此不再赘述。

二、实证分析与假设检验

本部分首先分析主要研究变量之间的相关性，进而采用调节回归技术对理论假设进行检验。

（一）主要研究变量的相关性分析

对主要研究变量进行相关性分析的目的在于初步判断变量间的内在联系及回归方程中的多重共线性问题。表 5–9 给出了各变量的均值与标准差，以及不同变量之间的相关系数和显著性水平。

从自变量与因变量间的相关系数看，商业模式创新性与新创企业绩效之间呈现显著正相关关系，系数为 0.302（$P < 0.01$）。在调节变量与因变量间的相关系数方面，开拓型方式与新创企业绩效之间呈现显著的正相关关系，系数为 0.307（$P < 0.01$）。在控制变量与因变量的相关系数方面，创业者性别与新创企业绩效之间呈现显著负相关关系，系数为–0.179（$P < 0.05$）；企业年龄与新创企业绩效之间呈现显著负相关关系，系数为–0.183（$P < 0.05$）；地区与新创企业绩效之间呈现显著正相关关系，系数为 0.344（$P < 0.01$）。

在自变量、调节变量、控制变量之间的相关关系方面：商业模式创新性与稳定型方式之间具有显著负相关关系，系数为–0.311（$P < 0.01$）；商业模

表 5-9 主要研究变量的相关性分析

	变量	1	2	3	4	5	6	7	8	9	10	11	
1	新创企业绩效	1											
2	商业模式创新性	0.302**	1										
3	稳定型方式	0.012	–0.311**	1									
4	完善型方式	0.094	0.465**	–0.107	1								
5	开拓型方式	0.307**	0.332**	–0.031	0.436**	1							
6	性别	–0.179*	–0.004	–0.024	0.173*	0.170*	1						
7	年龄	–0.073	–0.013	–0.061	0.056	–0.007	0.074	1					
8	教育水平	–0.121	–0.001	–0.179*	0.051	0.107	0.095	–0.051	1				
9	企业年龄	–0.183*	–0.055	0.053	0.026	0.118	0.220**	0.221**	0.085	1			
10	行业	–0.018	0.127	0.076	0.094	0.090	0.184*	0.081	0.023	0.192*	1		
11	创建时资产规模	0.035	–0.162	0.034	–0.098	–0.036	0.069	–0.116	0.109	–0.086	0.045	1	
12	地区	0.344**	0.149	0.043	–0.032	–0.015	–0.379**	–0.203*	–0.327**	–0.323**	–0.139	–0.131	1
均值		3.527	3.751	3.755	3.861	3.962	0.578	0.690	0.669	0.528	0.183	0.768	0.676
标准差		0.707	0.597	0.693	0.653	0.737	0.496	0.464	0.472	0.501	0.388	0.424	0.470

注：a. 变量 1~5 都是均值；变量 6 男性 = 1；变量 7 年龄 35 岁及以下 = 1；变量 8 教育水平大学本科及以上 = 1；变量 9 企业年龄为 1 年与 2 年 = 1；变量 10 信息传输、软件和信息技术服务业 = 1；变量 11 创建时资产规模 100 万及以上 = 1；变量 12 天津 = 1。

b. * 表示 $P < 0.05$；** 表示 $P < 0.01$。

c. 样本量 = 142。

式创新性与完善型方式之间具有显著正相关关系，系数为 0.465（$P < 0.01$）；商业模式创新性与开拓型方式之间具有显著正相关关系，系数为 0.332（$P < 0.01$）；稳定型方式与教育水平之间具有显著负相关关系，系数为–0.179（$P < 0.05$）；完善型方式与开拓型方式之间具有显著正相关关系，系数为 0.436（$P < 0.01$）；完善型方式与性别之间具有显著正相关关系，系数为 0.173（$P < 0.05$）；开拓型方式与性别之间具有显著正相关关系，系数为 0.170（$P < 0.05$）。

在控制变量之间的相关关系方面：性别与企业年龄、行业之间均具有显著正相关关系，系数分别为 0.220（$P < 0.01$）、0.184（$P < 0.05$），与地区之间具有显著负相关关系，系数为–0.379（$P < 0.01$）；年龄与企业年龄、地区之间分别具有正相关与负相关关系，系数分别为 0.221（$P < 0.01$）、–0.203（$P < 0.05$）；教育水平与地区之间具有负相关关系，系数为–0.327（$P < 0.01$）；企业年龄与行业、地区之间分别具有正相关与负相关关系，系数分别为 0.192（$P < 0.05$）、–0.323（$P < 0.01$）。

总体而言，解释变量之间的相关性系数均远小于 0.8，可以初步判断它们之间不太可能存在多重共线性问题。本书在后续分析中还将进行方差膨胀因子检验（VIF），从而进一步评估解释变量之间的多重共线性问题。

（二）商业模式创新性对新创企业绩效的主效应分析

商业模式创新性对新创企业绩效的层级回归结果如表 5–10 所示。模型 J1 是控制变量对因变量的回归模型，J2 是控制变量、自变量对因变量的主效应回归模型。在模型 J1 中，检验了性别、年龄、教育水平、企业年龄、行业、创建时资产规模、地区 7 个控制变量对因变量新创企业绩效的关系。该模型的 R^2 为 0.134，F 值为 2.964（$P < 0.01$），说明控制变量解释了总体变异的 13.4%，模型拟合度良好。方差膨胀因子（VIF）最大值为 1.463，远小于 10，说明多重共线性问题不严重。层级回归结果显示，新创企业所在地区对绩效显著正向影响关系，其标准化系数为 0.313（$P < 0.01$），说明天津地区的新创企业相较山东地区的新创企业具有更好的绩效水平。

模型 J2 是在模型 J1 的基础上，加入自变量商业模式创新性。该模型的 R^2 为 0.206，说明加入商业模式创新性后，模型的解释力显著增加了 7.2%，达到了 20.6%。整体模型 F 值为 4.311（$P < 0.01$），模型拟合度良好。方差膨

表 5-10　商业模式创新性对新创企业绩效的层级回归结果

因变量	新创企业绩效	
	模型 J1	模型 J2
性别	-0.058	-0.072
年龄	0.015	0.014
教育水平	-0.015	-0.035
企业年龄	-0.074	-0.057
行业	0.046	0.002
创建时资产规模	0.075	0.121
地区	0.313***	0.264***
商业模式创新性		0.279***
R square	0.134	0.206
Adjusted R^2	0.089	0.158
R square change	0.134***	0.072***
F-value	2.964***	4.311***
VIF（max）	1.463	1.495

注：* 表示 P < 0.1，** 表示 P < 0.05，*** 表示 P < 0.01。

资料来源：笔者整理（样本量 = 142）。

胀因子（VIF）最大值为 1.495，远小于 10，说明多重共线性问题不严重。层级回归结果表明，商业模式创新性对新创企业绩效显著正向影响关系，其标准化系数为 0.279（P < 0.01），假设 8 得到支持。

（三）稳定型方式的调节效应分析

稳定型方式的调节效应回归分析的指标如表 5-11 所示。模型 K1 是控制变量对因变量的回归模型；模型 K2 是控制变量、自变量、调节变量稳定型方式对因变量的主效应回归模型；模型 K3 是引入商业模式创新性与稳定型方式交互效应的全模型。模型 K1 的检验结果同上文模型 J1。

与 K2 相比，模型 K3 的 F 值为 4.000（P < 0.01），模型拟合度良好。方差膨胀因子（VIF）最大值为 1.554，远小于 10，说明多重共线性问题不严重。R^2 增加值为 0.021（P < 0.1），即加入商业模式创新性与稳定型方式交互效应后，模型的解释力显著增加了 2.1%，达到了 23.4%，说明存在显著的交

表 5-11　稳定型方式对商业模式创新性与新创企业绩效关系的调节效应

因变量	新创企业绩效		
	模型 K1	模型 K2	模型 K3
性别	-0.058	-0.070	-0.087
年龄	0.015	0.022	0.023
教育水平	-0.015	-0.019	-0.025
企业年龄	-0.074	-0.063	-0.052
行业	0.046	-0.010	-0.014
创建时资产规模	0.075	0.121	0.150*
地区	0.313***	0.260**	0.226**
商业模式创新性		0.310***	0.351***
稳定型方式		0.094	0.148*
商业模式创新性 × 稳定型方式			-0.159*
R square	0.134	0.213	0.234
Adjusted R^2	0.089	0.160	0.175
R square change	0.134***	0.079***	0.021*
F-value	2.964***	3.978***	4.000***
VIF（max）	1.463	1.498	1.554

注：* 表示 P < 0.1，** 表示 P < 0.05，*** 表示 P < 0.01。
资料来源：笔者整理（样本量 = 142）。

互效应。从调节方向看，商业模式创新性与稳定型方式交互项的回归系数为-0.159（P < 0.1），说明商业模式创新性与稳定型方式的交互项负向影响新创企业绩效，假设 9a 得到支持。

图 5-2 是稳定型方式在商业模式创新性与新创企业绩效关系中的调节效应图。该图显示，代表高水平稳定型方式的虚线斜率比代表低水平稳定型方式的实线斜率小，说明稳定型资源整合方式处于较高水平时，商业模式创新性的变化对新创企业绩效的正向影响更小。

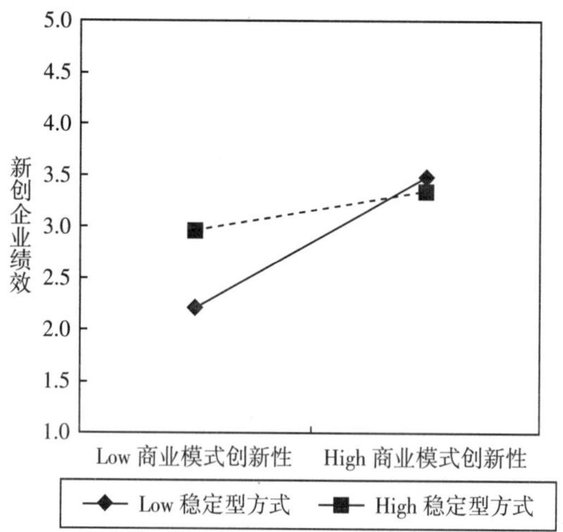

图 5–2　稳定型方式对商业模式创新性与新创企业绩效关系的调节效应

（四）完善型方式的调节效应分析

完善型方式的调节效应回归分析的指标如表 5–12 所示。模型 L1 是控制变量对因变量的回归模型；模型 L2 是控制变量、自变量、调节变量完善型方式对因变量的主效应回归模型；模型 L3 是引入商业模式创新性与完善型方式交互效应的全模型。模型 L1 的检验结果同上文模型 J1。

表 5–12　完善型方式对商业模式创新性与新创企业绩效关系的调节效应

因变量	新创企业绩效		
	模型 L1	模型 L2	模型 L3
性别	–0.058	–0.072	–0.078
年龄	0.015	0.014	0.035
教育水平	–0.015	–0.035	–0.047
企业年龄	–0.074	–0.057	–0.061
行业	0.046	0.002	0.007
创建时资产规模	0.075	0.121	0.127
地区	0.313***	0.264***	0.274***
商业模式创新性		0.279***	0.304***
完善型方式		–0.001	0.062

续表

因变量	新创企业绩效		
	模型 L1	模型 L2	模型 L3
商业模式创新性×完善型方式			0.185**
R square	0.134	0.206	0.233
Adjusted R^2	0.089	0.152	0.175
R square change	0.134***	0.072***	0.027**
F-value	2.964***	3.804***	3.987***
VIF（max）	1.463	1.496	1.499

注：* 表示 $P<0.1$，** 表示 $P<0.05$，*** 表示 $P<0.01$。
资料来源：笔者整理（样本量 = 142）。

与 L2 相比，模型 L3 的 F 值为 3.987（$P<0.01$），模型拟合度良好。方差膨胀因子（VIF）最大值为 1.499，远小于 10，说明多重共线性问题不严重。R^2 增加值为 0.027（$P<0.05$），即加入商业模式创新性与完善型方式交互效应后，模型的解释力显著增加了 2.7%，达到了 23.3%的水平，说明存在显著的交互效应。从调节方向看，商业模式创新性与完善型方式交互项的回归系数为 0.185（$P<0.05$），说明商业模式创新性与完善型方式交互项正向影响新创企业绩效，假设 9b 得到支持。

图 5-3 是完善型方式在商业模式创新性与新创企业绩效关系中的调节效应图。该图显示，代表高水平完善型方式的虚线斜率比代表低水平完善型方式的实线斜率大，说明完善型资源整合方式处于较高的水平下，商业模式创新性的变化对新创企业绩效的正向影响更大。

（五）开拓型方式的调节效应分析

开拓型方式的调节效应回归分析的指标如表 5-13 所示。模型 M1 是控制变量对因变量的回归模型；模型 M2 是控制变量、自变量、调节变量开拓型方式对因变量的主效应回归模型；模型 M3 是引入商业模式创新性与开拓型方式交互效应的全模型。模型 M1 的检验结果同上文模型 J1。

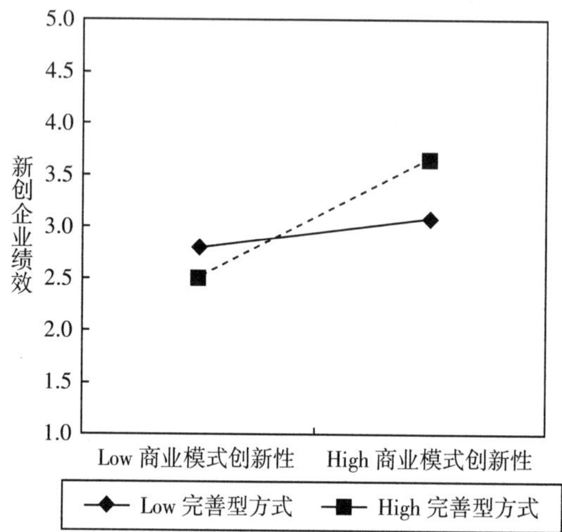

图 5-3　完善型方式对商业模式创新性与新创企业绩效关系的调节效应

表 5-13　开拓型方式对商业模式创新性与新创企业绩效关系的调节效应

因变量	新创企业绩效		
	模型 M1	模型 M2	模型 M3
性别	-0.058	-0.118	-0.118
年龄	0.015	0.020	0.020
教育水平	-0.015	-0.064	-0.062
企业年龄	-0.074	-0.092	-0.091
行业	0.046	0.001	-0.003
创建时资产规模	0.075	0.117	0.104
地区	0.313***	0.245***	0.245***
商业模式创新性		0.182**	0.182**
开拓型方式		0.292***	0.247***
商业模式创新性 × 开拓型方式			-0.098
R square	0.134	0.278	0.285
Adjusted R^2	0.089	0.228	0.230
R square change	0.134***	0.144***	0.007
F-value	2.964***	5.637***	5.222***
VIF（max）	1.463	1.500	1.500

注：* 表示 P < 0.1，** 表示 P < 0.05，*** 表示 P < 0.01。
资料来源：笔者整理（样本量 = 142）。

与 M2 相比，模型 M3 的 F 值为 5.222（P < 0.01），模型拟合度良好。方差膨胀因子（VIF）最大值为 1.500，远小于 10，说明多重共线性问题不严重。R^2 增加值为 0.007，即加入商业模式创新性与开拓型方式交互效应后，模型的解释力并未显著增加，说明不存在显著的交互效应，假设 9c 没有得到支持。

（六）稳健性检验

1. 筛选样本检验结论稳健性

与上一章相同，这里也通过筛选并剔除了创业者行业内外经验均为 0 的样本，并基于筛选后的 132 个样本来进行稳健性检验。

表 5–14　筛选样本检验商业模式创新性与新创企业绩效关系的稳健性

因变量	新创企业绩效	
	模型 N1	模型 N2
性别	–0.083	–0.094
年龄	0.008	0.005
教育水平	–0.020	–0.041
企业年龄	–0.055	–0.034
行业	0.045	–0.006
创建时资产规模	0.081	0.117
地区	0.301***	0.253**
商业模式创新性		0.293***
R square	0.128	0.208
Adjusted R^2	0.079	0.157
R square change	0.128**	0.080***
F–value	2.610**	4.048***
VIF（max）	1.430	1.459

注：* 表示 P < 0.1，** 表示 P < 0.05，*** 表示 P < 0.01。
资料来源：笔者整理（样本量 = 132）。

表 5–14 给出了在筛选样本后，商业模式创新性与新创企业绩效关系的回归分析结果。该表显示，商业模式创新性对新创企业绩效的正向影响关系显著，假设 8 仍然通过检验，与先前研究结论一致。

表 5-15　筛选样本检验资源整合方式调节效应的稳健性①

因变量	新创企业绩效					
	稳定型方式的调节效应检验		完善型方式的调节效应检验		开拓型方式的调节效应检验	
	模型 O1	模型 O2	模型 O3	模型 O4	模型 O5	模型 O6
商业模式创新性	0.343***	0.411***	0.115***	0.114***	0.182**	0.179**
稳定型方式	0.130	0.220**	—	—	—	—
完善型方式		—	0.106	0.109	—	—
开拓型方式		—		—	0.332***	0.297***
商业模式创新性 × 稳定型方式		-0.220**		—		—
商业模式创新性 × 完善型方式				0.108**		—
商业模式创新性 × 开拓型方式						-0.070
R square	0.222	0.260	0.209	0.250	0.299	0.303
Adjusted R^2	0.165	0.199	0.150	0.188	0.247	0.245
R square change	0.094***	0.038**	0.080***	0.041**	0.171***	0.004
F-value	3.871***	4.249***	3.575***	4.036***	5.784***	5.252***
VIF（max）	1.461	1.486	1.471	1.533	1.460	1.562

注：* 表示 $P<0.1$，** 表示 $P<0.05$，*** 表示 $P<0.01$。
资料来源：笔者整理（样本量 = 132）。

表 5-15 给出了在筛选样本后，资源整合方式对商业模式创新性与新创企业绩效之间关系的调节效应分析结果。该表显示：稳定型资源整合方式对该关系的负向调节效应显著，假设 9a 仍然通过检验，与先前研究结论一致；开拓型资源整合方式对该关系的正向调节效应显著，假设 9b 仍然通过检验，与先前研究结论一致。

总的来说，筛选样本后再次进行回归分析发现，前文研究中通过检验的变量间假设关系在稳健性分析中依然显著，与前文研究结论一致，因而结论

① 在这里，控制变量对新创企业绩效的影响结果与上文模型 N1 相同，因而为提升简洁性，该表只列示了关键变量之间关系的回归分析结果，没有列示控制变量与新创企业绩效关系回归分析结果。

是稳健的。

2. 替换关键变量测量方法检验结论稳健性

与上一章相同，这里也进一步对商业模式创新性采取不同的测量方法来进行稳健性检验。检验发现：商业模式创新性对新创企业绩效的影响关系的稳健性回归结果与前文研究结论一致，标准化系数为 0.261（P<0.01）；资源整合方式对该关系的调节效应的稳健性检验回归结果如表 5-16 所示，该结果同样与前文研究结论一致。总的来说，研究结论是稳健的。

表 5-16　替换关键变量测量方法检验资源整合方式调节效应的稳健性①

因变量	新创企业绩效					
	稳定型方式的调节效应检验		完善型方式的调节效应检验		开拓型方式的调节效应检验	
	模型 P1	模型 P2	模型 P3	模型 P4	模型 P5	模型 P6
商业模式创新性	0.289***	0.320***	0.258***	0.278***	0.174**	0.171**
稳定型方式	0.081	0.128	—	—	—	—
完善型方式		—	0.013	0.072	—	—
开拓型方式		—		—	0.300***	0.261***
商业模式创新性 × 稳定型方式		−0.142*		—		—
商业模式创新性 × 完善型方式				0.167*		—
商业模式创新性 × 开拓型方式						−0.094
R square	0.204	0.221	0.198	0.221	0.276	0.283
Adjusted R^2	0.150	0.161	0.144	0.161	0.226	0.228
R square change	0.070***	0.017*	0.064***	0.022*	0.142***	0.007
F-value	3.758***	3.708***	3.631***	3.710***	5.583***	5.164***
VIF（max）	1.499	1.561	1.497	1.502	1.502	1.502

注：* 表示 P < 0.1，** 表示 P < 0.05，*** 表示 P < 0.01。
资料来源：笔者整理（样本量 = 142）。

① 采用替换测量方法来重新测量商业模式创新性，并不会改变控制变量对新创企业绩效的影响结果，仍然为上文模型 J1 的结果。因此，为提升简洁性，这里只列示了关键变量之间关系的回归分析结果，没有列示控制变量与新创企业绩效关系回归分析结果。

三、实证分析结果总结

综上所述，本章研究的实证分析结果如表 5-17 所示。

表 5-17 本章研究实证分析结果汇总

假设	内容	结果
假设 8	商业模式创新性与新创企业绩效正相关	支持
假设 9a	稳定型方式负向调节商业模式创新性与新创企业绩效之间的关系	支持
假设 9b	完善型方式正向调节商业模式创新性与新创企业绩效之间的关系	支持
假设 9c	开拓型方式正向调节商业模式创新性与新创企业绩效之间的关系	不支持

资料来源：笔者整理。

第四节 实证结果的讨论与解释

本节将结合上文研究发现、当前理论进展及商业模式实践，进一步讨论各变量之间的作用关系及机制。下文将重点围绕商业模式创新性、资源整合方式及新创企业绩效之间的关系展开讨论。

一、商业模式创新性与新创企业绩效的关系分析

商业模式的创新性越高，所蕴含的价值就越多，企业因此而得到的熊彼特租金越多，绩效表现越好。该观点已经得到了理论界与实践界的广泛认同，这也驱使商业模式创新逐步发展成为当前最为流行的独立研究主题。然而，虽然学者们认可商业模式创新的价值，但却过于关注新创企业开发新型商业模式的有效方式与既有企业变革当前商业模式的成功做法，试图归纳得到有助于促进商业模式创新的一般性规律，很少真正在理论分析基础上，采用实证研究设计，数据检验商业模式创新性与企业绩效的关系，往往仅基于实践界的典型案例或市场数据形成的一种主观认识，这对于推进理论发展而

言显然并不合理。本书对商业模式创新性与新创企业绩效的正向关系进行了理论分析与数据检验，弥补了这一方面的理论研究不足，研究结论与当前理论界与实践界的主流认识相一致。

根据研究结论，高创新性商业模式能够为企业带来竞争优势，这一点对于互联网时代的新创企业而言更为重要。借助互联网信息技术，任何企业都可以较为容易地与利益相关者进行沟通，获取外部资源支持，因而资源已经不再是制约企业发展的枷锁，商业模式才是企业间竞争的焦点。为此，尽管创新性不同的商业模式并无严格的优劣之分，但新创企业仍然有必要抱持创新心态，在条件允许的情况下，借助高创新性商业模式来为自己争取到更多利益。

二、资源整合方式的调节效应分析

高创新性商业模式所蕴含的价值是在执行过程中被逐步开发出来的，如果企业不能为该执行过程提供充分的支持，那么高创新性商业模式不仅无法提升企业绩效，甚至有可能损害企业经营效益。先前研究主要基于权变理论思想，从资源角度出发，考察了企业资源特征与不同商业模式对企业绩效的交互效应。例如，Velu（2015）分析了来自合作者的互补资产对创新性不同的商业模式与企业生存之间关系的调节效应；Kim 和 Min（2015）探讨了冲突性与互补性资产对新型商业模式执行效果的影响。这些研究多是关注某几类特定资源，无法揭示企业资源结构对商业模式执行的总体支持效果。本书弥补了这一不足，从稳定型、完善型、开拓型三种资源整合方式着手，分析不同资源整合方式对商业模式创新性与新创企业绩效之间关系的调节效应，从而在总体上反映出新创企业资源结构对高创新性商业模式执行的支持效果。

本书的数据分析结果显示，首先，稳定型方式负向调节商业模式创新性与新创企业绩效之间的关系。这一发现与组织惯性研究结论相一致（Levinthal and Myatt，1994），当新创企业固守熟悉的资源结构而不愿意随机改变时，则意味着它们很少为新商业模式提供资源支持，使得新商业模式价值无法被发掘，企业自身也会因此而落后于竞争对手，导致绩效下降。

其次，完善型方式正向调节商业模式创新性与新创企业绩效之间的关系。这一发现与新制度领域中的稳健合法性研究结论相一致（Hargadon and Douglas，2001）。根据稳健合法性研究，当新创企业热衷于对已有资源结构加以渐进式的变革时，不仅乐于为新商业模式提供资源支持，还能够容易从利益相关者处获取新资源来支持新商业模式执行，因而新商业模式会取得好的执行效果。

最后，开拓型方式对商业模式创新性与新创企业绩效之间关系的调节效应并未通过检验。这一发现在一定程度上与近些年来兴起的资源导向战略研究观点有所不同。根据资源导向战略研究，开拓型方式强调不断引入大量新资源，并且倡导对新旧资源加以创造性组合，这能够极大地支持创业者设计出并有效执行高创新性商业模式，取得较好的企业绩效（Paladino，2007）。但是，本书通过数据检验发现，商业模式创新性与开拓型方式的交互效应的系数是-0.098，这是一个负值，虽然不显著，但却与资源导向战略研究的结论恰恰相反。究其原因，主要还是与新创企业的资源获取及配置能力有关，具体表现为如下三点：

第一，尽管在互联网信息技术影响下新创企业的资源获取途径增多，但目前要想得到外部资源持有者青睐却仍然十分困难。2016 年公布的《中国创业企业调查报告》[①] 显示，创业资金 80%都是个人所出，资金问题是制约新创企业成长的最重要因素。高创新性商业模式能够吸引外部投资者注资，但投资者对商业模式创新性及价值潜力的评判是非常苛刻的，使得新创企业并不容易获得投资者的长期支持。这意味着，新创企业资源是有限的，不断探索尝试创造性的资源整合方式会造成资源短缺，无法真正为高创新性商业模式执行提供充足资源支持，如 91 外教、闪购网站 Fab 等虽然在创建初期拿到了巨额融资，但后期却均因荒废主业，战线拉太长，导致烧钱速度太快，资金链断裂，最终走向了失败。

第二，新创企业获取外部资源支持的成本过高。新创企业创建早期大多

---

①《中国创业企业调查报告》是由《经济日报》社中国经济趋势研究院、中国社科院数量经济与技术经济研究所共同编制，聚焦于调查我国创业企业的成长现状及现实存在的问题。

规模较小，属于小微企业范畴，而根据民建中央在2015年两会期间发布的《民建中央关于标本兼治切实缓解实体经济和小微企业融资困境的提案》，小微企业从银行获得贷款的利率普遍上浮30%，融资成本达到15%，从小贷公司及民间借代获得资金的融资成本在25%左右，应急式的过桥贷款利率更是超过40%。在这种背景下，尽管有些新创企业可以获得外部资源持有者的支持，但这往往也需要付出很高的成本，有可能导致高创新性商业模式收益无法弥补外部资源获取支出的情况出现，损害企业绩效（《人民日报》，2016年1月18日）。另外，热衷引入并重组新资源也会导致交易成本上升，使得新创企业在与利益相关者交易中的话语权降低（Gulati and Sytch，2007），这也可能抵消高创新性商业模式价值，并不能保证企业总体绩效的提升。例如，Andries等（2013）的研究发现，如果新创企业过于依赖投资者，那么当商业模式执行出现问题时，它们往往很难说服投资者相信自己的解决方案，而得不到投资者支持，企业很难逃脱破产的命运。

第三，不断引入并创造性地重组新资源活动也对新创企业自身的能力提出了巨大的挑战，随着引入新资源的规模不断增长，新创企业越来越难以驾驭这项活动，导致重组的资源结构与商业模式不匹配，损害企业绩效。例如，乐视以视频网站、版权分发起家，随后迅速涉足电视、手机、汽车、体育、金融等多个领域，在这些领域引入了大量的人力与物力，但却未能很好地实现对不同领域资源的有效整合，导致其目前陷入到了严重的经营危机之中。

根据研究结论，不同资源整合方式对于高创新性商业模式执行发挥着差异化的支持效果。对于采用高创新性商业模式的新创企业而言，固守当前资源结构不发生质的改变并不可行，不计成本地大幅度颠覆当前资源结构也并非良策。因此，尽管对企业资源结构进行持续变革很有必要，但企业更应采取折中的办法，考虑到新资源在获取成本与利益相关者对新资源结构接受度的基础上，要对当前资源结构加以渐进式的变革。

第六章　结论与展望

本章总结了全书的主要研究结论，归纳出全书的创新点，阐述了本书的对理论与实践的启示，最后指出了全书的研究不足，并对未来可行的研究方向进行了展望。

第一节　主要结论

本书从“如何设计出高创新性商业模式”这一理论与实践界共同关注的热点问题着手，关注“创业者认知图式与环境扫描如何影响新创企业商业模式创新性”与“创业者的资源整合方式如何影响高创新性商业模式的绩效表现”两个更为具体的研究问题。首先分析了创业者认知图式与商业模式创新性之间的关系，识别了环境扫描活动在这一关系中所起到的中介效应；其次探讨了商业模式创新性与新创企业绩效之间的关系，以及企业不同的资源整合方式对该关系的调节效应，并采用实证数据对相应的理论假设进行了验证。全书的研究结果阐释了创业者设计出创新性不同的商业模式的认知机制，也揭示出企业资源整合方式对高创新性商业模式有效执行的支持作用。具体来说，本书的研究结论主要包括如下几个方面。

一、创业者认知图式影响商业模式设计结果的创新程度

创业者决定着新创企业的经营决策结果，因而新创企业商业模式通常是创业者个人意志的体现。创业者设计商业模式的过程由其头脑中已有认知图

式所引导，该引导作用具体表现为两个方面内容：一方面，认知图式为创业者提供了设计商业模式的信息，这些信息是创业者基于先前工作经验所形成的关于“商业模式应当是什么”问题的固有认识，驱使创业者首先考虑设计出与认知图式要求相同的商业模式形态，而非凭空幻想出新的商业模式形态。另一方面，认知图式塑造了创业者看待创业环境的特定视角，那些符合认知图式要求的外部环境信息会被强调，而与认知图式相悖的外部环境信息则容易被忽视。

根据行业经验不同，认知图式可被区分为一般性图式与特殊性图式，不同的认知图式会导致创业者设计出创新性不同的商业模式。具体来说，一般性图式来自新创企业所在行业内的先前商业模式经验积累，该图式会驱使创业者非常认同并遵循行业内主流商业模式，不会设计出不同于主流模式的高创新性的商业模式，这能够使他们较为容易地取得行业内利益相关者的合法性认可，从主流模式中获益。相反，特殊性图式来自于新创企业所在行业外的先前商业模式经验积累，该图式能够驱使创业者不认同行业内主流商业模式，并认识到自身无法容易从这一模式中获益，甚至会因采用主流模式而造成巨大损失，因而导致他们努力尝试跳出主流商业模式约束，设计出高创新性的商业模式。

本书发现，认知图式对于商业模式的创新程度具有显著影响，特殊性图式更容易造就高创新性的商业模式。这一发现有效解释了选择在自己曾经工作过的行业进行创业的创业者多会直接基于行业内已有的成熟商业模式开展业务活动，而从事跨界创业的创业者则往往会带来创新性较高商业模式的现实状况（如特斯拉）。以往研究主要是从外部环境需求视角探讨商业模式设计，认为商业模式是创业者被动迎合外部环境需求而进行选择的结果，剧烈震荡的环境会驱使创业者设计出高创新性的商业模式。本书发现，商业模式设计同样会受到创业者主观能动性的影响，而创业者认知图式是导致新创企业商业模式设计结果展现出不同创新性的更为本质的原因，这极大深化了商业模式设计主题研究。

二、创业者认知图式通过环境扫描活动影响商业模式创新性

创业者重视认知图式并不意味着忽视外部环境信息，在创业者认知图式影响商业模式创新性的关系中，环境扫描活动发挥了十分重要的中介效应。环境扫描活动是一种认知活动，将认知图式与环境信息连接到了一起。具体来说，创业者根据外部环境需求来设计商业模式的思想没有错误，但出现设计结果差异性的原因却并不在于客观环境本身，而在于创业者对客观环境的主观认识不同，不同认知图式会驱使创业者开展差异化的环境扫描活动，关注不同的环境信息，最终设计出创新性不同的商业模式。本书发现，在商业模式设计过程中，环境扫描领域与环境扫描强度都具有连接创业者认知图式与商业模式创新性两者的桥梁作用。环境扫描领域强调的是创业者更关注行业内还是行业外、熟悉还是不熟悉的环境信息；环境扫描强度展示的是创业者是否努力与持续的开展环境扫描活动。本书发现，一般性图式会驱使创业者不太乐于投入大量时间与精力进行环境扫描，导致他们更倾向于设计出创新性较低的商业模式；特殊性图式会驱使创业者特别关注行业外信息，并会促进他们花费较长时间极为努力地开展环境扫描活动，导致他们更倾向于设计出创新性较高的商业模式。

一方面，创业者的扫描努力程度与扫描持续程度在一般性认知图式对商业模式创新性的影响关系中均发挥了中介效应。具体表现为：一般性图式驱使创业者会直接采用行业内主流商业模式，不会花费较大力气与时间收集额外的信息来进一步证实这种商业模式的合理性，导致环境扫描的努力程度与持续程度都较低，这不利于获取新信息与新知识，新创企业商业模式设计结果会呈现出较低的创新性水平。

另一方面，创业者行业外领域扫描活动、扫描活动努力程度与扫描活动持续程度在特殊性认知图式对商业模式创新性的影响关系中起到了中介效应。特殊性图式驱使创业者发现他们很难受益于行业内主流商业模式，并不认同该模式，因而需要在环境扫描活动上投入较大精力与时间获取新信息，并将这些信息与头脑中的认知图式进行创造性整合，以揭示主流商业模式存在的问题及证实新的商业模式设想的有效性，这更有助于他们设计出创新性较高的商业模式。而结合上文分析，行业外领域扫描会为创业者带来商业模式设计的新信息与新知识，当创业者投入大量精力对外部环境信息持续加以关注时，他们不仅能够及时知晓环境变化的新动态，而且可以积累起大量的信息资源，据此形成多种新商业模式设计方案，比较容易设计出创新性较高的商业模式。

本书发现环境扫描活动在创业者认知图式影响商业模式创新性的关系中所起到的显著中介效应。行业外扫描、努力扫描、持续扫描等别具一格与坚持不懈的环境扫描活动能够造就高创新性的商业模式，特殊性图式比一般性图式更会驱使创业者开展这些活动，而一般性图式之所以会导致创业者很少设计出高创新性的商业模式，并非仅仅是受限于知识或资源，更主要的是缺少热情与勇气来努力收集新信息。本书证实了商业模式设计既非简单基于外部环境需求的选择过程，也非纯粹基于头脑中认知图式的空想过程，两个过程是密切结合在一起的。以往研究多将上述两个过程割裂开分析，不能完整揭示出商业模式设计机制，本书弥补了这一研究不足。

三、资源整合方式影响商业模式创新性与企业绩效之间的关系

新的商业模式本身具有创造新价值的潜力，创新性越高的商业模式，能够创造出的新价值越多，企业越有可能因此而获得好的收益。这主要表现在两个方面：一方面，高创新性商业模式会增加交易类型，这不仅意味着参与到交易当中的商品或服务的种类及数量的增加，也意味着企业生意伙伴的增加，都有助于扩大企业的业务规模。另一方面，高创新性商业模式会增强企业与利益相关者交易过程中的讨价还价能力，使企业在价格制定、交易成本分摊、收益分配等方面拥有较强的话语权。

然而，无论企业商业模式的创新性有多高，它所展现的均是一种做生意的思想，很容易被竞争对手所模仿，因而高创新性商业模式本身并不具备保持长期垄断优势的力量，需要构建支持体系以持续保障其有效执行。资源结构是这种支持体系的重要构成，它来自创业者的资源整合活动。本书发现，不同资源整合方式所塑造的资源结构对于高创新性商业模式的支持效果也不相同。具体来说，稳定型方式强调长期坚持已有资源结构不发生变化，而如

果资源结构不能够随着环境变迁而及时改变，就会阻碍企业创新活动的持续顺利开展，导致企业很难从创新机遇中获益，逐步落后于竞争对手，因而稳定型方式对高创新性商业模式的执行效果具有显著的负向影响；完善型方式强调对已有资源结构进行创造性重组，使得企业既能利用已有资源结构维护好当前经营优势，又能不断转换现有资源用途，为创新活动提供支持，因而完善型方式对高创新性商业模式的执行效果具有显著的正向影响；开拓型方式对高创新性商业模式的执行效果并不具有显著的影响作用。

本书发现，资源整合方式在商业模式创新性与新创企业绩效的关系间起到了显著调节效应。资源充足当然是一种优势，但更重要的是合适地获取、使用并快速更新资源。根据本书的研究结果，对于资源储备相对匮乏的新创企业而言，持有谨慎但开放的资源获取与配置态度，更有益于维护自身因高创新性商业模式而取得的竞争优势。以往研究多关注某一项具体资源对商业模式执行的支持作用，无法穷尽全部有价值的资源，但本书认为企业资源不是单独发挥作用，并以资源整合方式为切入点展开分析，研究结论能够反映企业整体资源结构的支持效果，这进一步深化了关于资源与商业模式关系的研究。

第二节　创新点

本书紧跟商业模式理论研究前沿，强调创业者认知对新创企业商业模式设计过程的主导性影响作用，并关注高创新性商业模式执行过程中的支持体系的效果问题。研究工作注重理论与实践并重，倡导多学科交叉，基于战略认知与新制度理论，揭示认知视角下新创企业商业模式设计机制，以及基于资源管理理论，探讨资源整合方式对商业模式创新性与新创企业绩效关系的调节效应。相较先前研究，本书的创新点主要体现在如下三个方面。

一、基于“前因—结果”导向实证分析了商业模式设计机制问题

关于商业模式设计，当前流行的“过程—结果”导向研究致力于采用案例研究方法，详细描述创业者如何通过生成、试验、调整商业模式设想，形成最终商业模式的过程，未能进一步对影响商业模式设计过程的内外在因素加以系统考察，实证研究也较为缺乏。

与当前流行的“过程—结果”导向研究不同，本书基于“前因—结果”导向进行研究设计，通过梳理已有研究文献，认为新创企业商业模式最终是由创业者设计出来的，考察创业者认知因素对商业模式设计结果的影响。在此基础上，本书通过开发并向创业者群体发放问卷形式获取大样本数据，实证检验创业者认知因素对商业模式设计结果影响关系的理论假设。相较“过程—结果”导向研究，本书更有利于揭示新创企业之所以能设计出创新性不同商业模式的本质原因，而且也是对当前缺少商业模式设计前因影响机制实证研究的有益改进。

二、区分认知图式类型并验证了其对商业模式创新性的影响机制

认知图式是指引人们认识外部环境进而开展各项活动的知识基础，也是认知视角创业研究中的重要组成构念。然而，在商业模式研究中，尽管学者们很早就注意到创业者认知图式会影响商业模式设计结果，但相关研究却并未从认知图式的认识外部环境这一最本质功能出发展开分析，而多是仅仅强调由认知图式所带来的认知惯性对商业模式创新的阻碍作用。实际上，不同创业者所拥有的认知图式并不相同，有的认知图式会带来认知惯性，有的认知图式会带给创业者认知柔性，促进商业模式创新。

不同于以往研究，本书借鉴新制度理论观点，尝试从认知图式的形成过程角度对这一构念进行解构，认为创业者先前工作经验塑造了他们的认知图式的整体属性，行业内工作经验会形成一般性图式，行业外工作经验会形成特殊性图式。进一步地，本书借鉴战略认知研究的理论逻辑，立足于“认知

图式—环境扫描—商业模式”这一分析思路，在验证了两种认知图式与商业模式创新性之间具有显著关系的基础上，进一步分别剖析并验证了两种认知图式经由环境扫描领域及经由环境扫描强度对商业模式创新性的中介效应模型。这不仅能够弥补当前认知视角商业模式设计研究对于认知图式属性及影响机制认识的不足，也有助于促进商业模式研究与认知视角创业研究更为有效的融合，为创业理论研究发展做出贡献。

三、从资源结构着手揭示了资源对高创新性商业模式绩效的影响机制

高创新性商业模式所蕴含的价值潜力是在执行过程中被开发出来的，并最终转化为企业收益，因而创业者需要设计支持体系来保障高创新性商业模式有效执行。先前研究认识到支持体系的重要性，并主要从资源视角分析了不同类型商业模式需要配备何种关键资源支持，但对于关键资源的探寻却零零散散，无法形成系统认识。实际上，关键资源并非单一对商业模式执行过程提供支持，而会与其他资源相互关联，形成统一的资源结构而发挥作用。因此，从资源结构整体特性出发来分析其对高创新性商业模式执行效果的影响更为合理。

相较以往研究，本书借鉴资源管理理论观点，认为资源结构源自创业者的资源整合行为，探讨不同资源结构对高创新性商业模式执行效果的影响可以转化为不同资源整合方式对高创新性商业模式绩效表现的影响。本书利用实证数据分析了稳定型、完善型、开拓型三种资源整合方式对商业模式创新性与新创企业绩效关系的调节效应，发现稳定型显著地负向调节这种关系，而开拓型方式显著地正向调节这种关系。这丰富了从资源视角探讨高创新性商业模式执行支持体系的研究，为进一步揭示高创新性商业模式对企业绩效影响机制提供了知识基础。

第三节 理论与实践启示

本书围绕“商业模式设计”与“商业模式效果”两个研究主题，以商业模式创新性为中心，实证分析了“创业者认知图式与环境扫描如何影响新创企业商业模式创新性”与“创业者的资源整合方式如何影响高创新性商业模式的绩效表现”两个研究问题，既有理论上的创新启示，也能够为创业者和创业教育提供可操作性的建议。

一、对商业模式设计研究的启示

“前因—结果”导向是研究商业模式设计问题的重要路径，当前这方面研究已经开始从“定位视角”向“认知视角”转变，越来越重视创业者本人在商业模式设计过程中的重要作用，学者们围绕认知图式与认知活动两个核心概念开展了一系列有价值的探索。本书围绕“前因—结果”研究路径，致力于进一步揭示认知视角下新创企业商业模式设计机制，可为商业模式设计研究带来两个方面的启示。

一方面，突出创业者在商业模式设计研究中的主体地位。当前商业模式设计研究正逐渐走向微观，以往定位视角研究开始从重视外部环境回归到重视创业者基于环境需求所开展的行为当中，近期认知视角研究又将重视创业者行为推进到重视创业者认知特征当中，创业者在商业模式设计研究中的主体地位不断得到加强。本书从创业者认知图式与认知活动（环境扫描活动）着手，探讨两者对商业模式创新性的影响。研究发现，不同类型认知图式会带来创新性不同的商业模式，独特的认知活动有助于创业者设计出高创新性的商业模式。沿着这个思路，未来研究可以继续发掘创业者认知特征对商业模式设计的影响，不仅更深入地发掘创业者认知图式的类型，探讨诸如类比推理、概念组合等更为微观的认知活动方式，而且有必要考察创业者的认知风格、思维方式、认知柔性等其他认知特征，并尝试引入情绪、自我效能

感、人格特质等其他微观化研究的关键概念，丰富认知视角商业模式设计研究内容，从而推进商业模式设计研究的发展。

另一方面，整合认知要素与环境要素开展研究。认知要素与环境要素都影响商业模式设计结果，研究中有必要将两者加以整合。本书借鉴战略认知研究逻辑对两个要素进行了整合处理，认为创业者在设计过程中不断考察着环境需求，他们结合头脑中知识扫描环境需求信息，进而根据环境需求信息做出商业模式选择。本书发现，扫描努力程度与持续程度在一般性图式与商业模式创新性之间起到了显著的中介效应；行业外领域扫描、扫描努力程度与扫描持续程度在特殊性图式与商业模式创新性之间也起到了显著的中介效应。这启发未来研究能够更广泛且深入地探索认知要素与环境要素的整合效果，在明确认知要素的基础上，不仅可以围绕组织边界、时间边界、地理边界、信息类型边界等标准进一步区分环境扫描活动，并考察它们的中介效应，还有必要探讨环境动态性、复杂性、冗余度等环境整体特性与认知要素的交互效果。

二、对商业模式效果研究的启示

商业模式效果并不是一个新话题，但当前研究对它的关注却并不多，学者们认为商业模式要想取得好的绩效表现是有条件的，并主要从权变视角出发，考察了关键资源对商业模式与企业绩效关系的调节效应。本书同样采用权变视角，更为系统地分析了企业资源结构对高创新性商业模式与绩效关系的调节效应，可以为商业模式效果研究带来两方面启示。

一方面，立足于资源的匹配性而非数量开展研究。资源能够支持新创企业商业模式的有效执行，是商业模式取得良好绩效的保障，其对于高创新性商业模式而言更为重要。本书发现，资源数量并不是越多越好，创业者需要为高创新性商业模式构建与之匹配的资源基础，当高创新性商业模式与资源基础不匹配时，资源数量越多，企业绩效表现反而会越差。当前基于权变视角的研究注意到两者匹配的重要性，但未来研究仍然需要加以深化，除了关注高创新性商业模式，继续考察不同类型商业模式所需配备的资源类型外，应进一步探索那些与当前商业模式不匹配的冗余资源的转化使用问题，以及如何通过资源拼凑等手段来弥补那些与当前商业模式相匹配的资源数量不足的问题。

另一方面，关注企业不同资源的整体搭配效果。资源对商业模式绩效表现的影响并不是由单一资源带来的，而是企业所有资源相互协调、共同作用的结果，但当前研究却过于关注某一项资源的影响，无法形成系统认识。本书考察了能够塑造不同资源整体结构的差异化资源整合方式对商业模式创新性与新创企业绩效关系的调节效应，发现稳定型与完善型资源整合方式能够显著调节上述关系。遵循该研究思路，未来研究应进一步跳出对单一资源的关注，在考察不同资源的获取渠道与使用成本的基础上，直接探索这些资源所组合而成的企业整体资源结构特征，以及该资源结构对商业模式绩效表现的影响。

三、对创业者和创业教育的实践启示

第一，商业模式设计是一个十分复杂的过程，设计商业模式既要考虑外部环境需求，又要考虑企业自身特征。为此，创业者应摆脱过于依赖熟悉知识的错误做法，走出认知的舒适区，充分关注外部环境所提供的关于商业模式的新颖信息，做到既不一味随大流式模仿成功典范，又不盲目追求高创新性的商业模式，真正构思出适合企业可持续发展的商业模式方案。在互联网信息技术的冲击下，传统行业边界已经变得十分模糊，创业者往往很难精确描述出企业的竞争对手是谁，这要求他们在关注环境信息时，应给予行业外信息特别关注，保障商业模式设计结果既满足当前需求，又能够有效应对时代发展。

第二，对于创业者而言，充分关注并理解外部环境信息并非易事，而对于行业外信息的理解更是困难。为此，创业者应长期保持变革的勇气与坚韧的毅力，积极改变自身的固有认知，打破头脑中已存的关于商业模式的知识体系，通过将知识点与外部环境信息创造性地加以组合编排，设计出高创新性商业模式，推动新创企业更快更好地发展。

第三，设计出商业模式并非意味着设计工作的完结，创业者还应设计出保障该商业模式有效执行的支持体系，尤其需要为商业模式配备合适的资源

结构。为此，创业者有必要认真考察自身所储备资源的属性与数量，以及从利益相关者处获取资源的难度与成本，并据此判定企业“是否应当采用”与“采用何种程度”的新商业模式。事实上，创新性不同的商业模式均具有提升企业绩效的潜力，创业者没有必要唯高创新性商业模式至上，结合企业资源情况设计合适的商业模式才是正确的选择。

第四，在“大众创业、万众创新”时代背景下，当前各大高校的创业教育正如火如荼地开展，开设了创业管理、创业融资、创业计划、KAB（Know About Business）等多种类型的创业课程，但专门针对商业模式所开展的课程却并不多。实际上，商业模式设计与创新是创业研究的重要组成，多被视为是创业者有效开发创业机会的核心工作。因而有必要在清晰界定商业模式内涵的基础上，重点围绕商业模式设计、商业模式效果、商业模式创新等主题开发相应的课程。另外，创业的特色在于实践中学习、体验式学习，创业教育的目的是“育”而非“教”，培育个体的创新创业思维更加重要，而本书也发现，商业模式设计过程本质上是一个创业者的思维过程。因此，未来商业模式课程教育也应将训练与提升个体在商业模式设计与创新过程中快速解读复杂信息并形成准确判断的思维模式和心智模式作为教育教学的重点。

第四节　研究不足与未来展望

一、研究不足

尽管本书采用实证分析得到了一系列重要的研究结论，对理论研究与实践操作具有启发价值，但却也存在一些不足有待未来研究进一步完善。

第一，对创业者本人进行调查的难度很大，在时间与经费有限的情况下，虽然本书收集到的有效样本量能够达到研究开展的要求，但总量仍不够多，这可能会降低研究结论的代表性。

第二，本书的调查问卷主要是委托专业调研公司及委托孵化器负责人代为发放的形式收集，尽管学术界认可这两种方式，并且笔者对调研公司督导员做了认真培训，也为孵化器负责人详细讲解了调研的目的与内容，但与研究人员亲自调研相比，这仍有可能会因为理解偏差而造成测量误差。

第三，本书主要借鉴 Zott 和 Amit（2007）开发的量表测量商业模式创新性，尽管检验结果拥有较高的信度与效度水平，并且也被国内外诸多学者用于问卷调研与实证研究中，但原始量表却主要是用于专家学者自己从事的内容分析编码工作中，因而可能增大创业者对于测量题项的理解难度。因此，未来有必要继续对商业模式创新性展开理论分析，进一步修订和完善该测量量表。

二、未来展望

对于上述研究不足，未来研究需加以改善：

针对样本量较少的问题，未来研究除了进一步通过补充调研来增加样本数量之外，还可以将资源集中到少数行业开展调查研究工作，做“小而精”的研究，这也能够提升研究结论代表性。互联网行业是商业模式创新最为活跃的领域（Amit and Zott，2015），因而未来研究可首先重点关注该行业新创企业。另外，创业孵化器集中了大量新创企业资源，能够为研究新创企业商业模式问题提供很好的平台，但为了做好“小而精”的研究，对孵化器划分十分必要，不同孵化器往往关注不同种类的新创企业。例如，本书所调研的韩都衣舍智汇蓝海孵化器以孵化电子商务企业为主，而微软济南金融科技孵化平台则以孵化信息技术开发企业为主。

针对委托调研公司及委托孵化器负责人发放问卷可能造成测量误差的问题，未来研究除了继续通过加强培训、提供参考资料、加强过程控制（如随访）、提升研究人员亲自调研比例外，还应进一步完善调查问卷。一方面，删除那些可以通过上市公司公开报表、国家企业信用信息系统网站等公开数据源获取的信息（如企业成立时间、注册资本），以尽量避免因填答时间过长导致受访者心理疲劳，从而降低认真填答意愿的状况出现。另一方面，在正式调研之前，应围绕问卷结构与内容咨询创业者意见，对那些不容易理解的表述加以有效修改，尽管本书在问卷编制过程中，咨询了两位创业者，但更广泛征集创业者意见仍然十分必要。上述两种措施能够提升问卷题项的填答质量，提升研究结果的可信度。

针对商业模式创新性的测量问题，弄清楚商业模式的理论属性是首要工作。当前理论界关于商业模式理论属性已经形成“业务活动框架”与“价值创造系统”两种主流认识，未来研究有必要进一步从理论上梳理清楚两者之间关系的基础上，开发商业模式创新性测量量表。结合 Clauss（2017）及罗兴武等（2018）的观点，以价值创造模块为引领，归纳总结不同模块内的具体业务活动构成是开发商业模式创新性量表的可行路径。该项工作的关键在于清晰界定价值创造模块及其所包含的业务活动内容，但当前研究对于价值创造模块的界定并不统一，导致模块内的具体业务活动差异较大，因而未来研究仍需继续加以完善。

另外，根据本书的主要研究结论与研究启示，未来研究除了弥补上述研究不足之外，还计划在如下三个方面开展进一步的研究：

第一，进一步考察创业者设计商业模式的认知机制。本书同时考察了认知图式与认知活动（环境扫描活动）对商业模式设计结果的影响，虽然这推进了对商业模式设计认知机制“黑箱”问题的认识，但进一步的研究仍有必要。一方面，认知风格并未给予关注，但已有研究证实它会影响创业者的环境扫描活动。另一方面，商业模式设计的认知过程是一个意义建构过程，它包括扫描、解释、反应三个子过程，尽管本书借鉴创新研究观点，将扫描与解释两个子过程进行合并处理，以更适合实证分析，但战略管理研究多将两个过程分开处理，通过案例分析来详细展示出意义建构过程。基于这些认识，未来研究有必要在清晰界定认知风格与认知图式之间关系的基础上，将认知风格引入到商业模式设计认知机制研究中，并尝试采用案例研究设计，严格以意义建构的三个子过程为基础，更为详细地揭示创业者设计商业模式的认知机制。

第二，进一步探讨不同类型商业模式设计的认知机制。本书主要基于认知视角分析了创新性不同的商业模式的设计机制，并未继续考察其他类型商业模式的设计机制。实际上，结合 Amit 和 Zott（2001）的研究，除了新颖型商业模式，还有效率型、锁定型、互补型三种不同形态的商业模式，它们都具有自己的独有特征，并不能简单地用创新性不同来进行定义，这意味着这些类型商业模式的设计机制也很有可能存在显著差异。为此，未来研究应跳出“创新与否”或“创新高低”的商业模式划分标准，在广泛拓展商业模式类型的基础上，分析不同类型的商业模式设计的认知过程机制。

第三，进一步发掘商业模式对企业绩效的影响机制。当前研究多是基于权变视角考察这种机制，本书尽管引入资源整合概念，更为系统地揭示了资源对商业模式创新性与绩效关系的调节机制，但仍然属于权变视角研究。实际上，商业模式对企业绩效的影响机制远比权变视角所强调的关键资源的调节机制更为复杂，甚至并非是一种直接影响关系，当前研究对于商业模式影响企业绩效的过程机制仍然知之甚少。尽管 Casadesus-Masanell 和 Ricart（2010）的理论研究指出商业模式是在执行过程中为企业带来收益，并在后续研究中运用该观点分析了沃尔玛的商业模式演变进程与效果（Brea-Solís et al.，2015），但目前却尚没有实证研究对该理论观点加以进一步推进。未来研究需要综合考察商业模式影响企业绩效关系中的调节机制与中介机制，从而完整揭示出商业模式对企业绩效的影响机制。

附　录

附录 A　新创企业初始商业模式设计与绩效关系调查问卷

尊敬的先生/女士：

您好！非常感谢您在百忙之中填写这份问卷。

本书研究旨在探索新创企业初始商业模式设计的前因与绩效表现。我们向您承诺：我们所获取的调查数据资料仅用于学术研究，任何涉及您身份或公司情况的资料均会绝对保密。答案无对错之分，请您尽可能客观地回答问卷内容，不要遗漏任何题目。感谢您对本书的支持！如您有其他疑问，请与我们联系。

南开大学商学院博士生：迟考勋

地址：天津市南开区白堤路 121 号南开大学创业研究中心

电话：　　　　　　E-mail：chikaoxun@126.com

为表示感谢，我们将第一时间向您提供调查研究报告和文化小礼品，请留下您的联系方式：

您的姓名：__________　公司名称：__________　联系电话：__________

第一部分　公司与创业者的基本情况

1. 贵公司成立于________年。

2. 贵公司的主营业务是（请填写最核心的 1 项业务）：____________。

3. 贵公司主营业务所在的行业领域，请您在相应行业后画"√"（单选题）：

□ 信息传输、软件和信息技术服务业　□批发和零售业
□ 教育　□ 金融业
□ 租赁和商务服务业　□ 科学研究和技术服务业
□ 居民服务、修理和其他服务业　□ 住宿和餐饮业
□ 文化、体育和娱乐业　□ 房地产业
□ 其他

4. 在创建该公司之前，您有________次工作经历（包括创业经历），请在下表相应位置处填写或选择各段经历特征：

工作经历	该段经历所在公司的主营业务	该段经历的起止时间
第一段经历		
第二段经历		
第三段经历		
第四段经历		
第五段经历		

5. 贵公司创建时的员工总人数：

□ 10 人以下　□ 10~19 人
□ 20~49 人　□ 50~99 人
□ 100 人及以上

6. 贵公司创建时的资产规模：

□ 50 万元以下　□ 50 万~99 万元
□ 100 万~499 万元　□ 500 万~999 万元
□ 1000 万元及以上

7. 您的性别：

□ 男　　□ 女

8. 您的年龄：

□ 25 岁及以下　　□ 26~30 岁

□ 31~35 岁　　□ 36 ~40 岁

□ 41 岁及以上

9. 您的教育背景：

□ 高中/中专及以下　　□ 大专

□ 大学本科　　□ 硕士

□ 博士

第二部分　创业者的环境扫描活动

10. 请根据您对如下两个领域信息的关注程度，按照百分比为两个领域分配分值（合计为 100%）：

题项	所占比例（%）
01　您对主营业务所在行业内的环境信息的关注程度	（　）
02　您对主营业务所在行业外的环境信息的关注程度	（　）
合计	100

11. 请根据您对如下两个领域信息的关注程度，按照百分比为两个领域分配分值（合计为 100%）：

题项	所占比例（%）
01　您对不熟悉的环境信息的关注程度	（　）
02　您对熟悉的环境信息的关注程度	（　）
合计	100

12. 请判断如下表述与您收集环境信息时的实际情况相符合程度，并在相应的数字上画“√”：

题项	非常不符合 ⟷ 非常符合				
01　我投入了最大的努力来收集有价值的信息	1	2	3	4	5
02　我将收集信息看成是公司的头等大事	1	2	3	4	5
03　我将多数时间用在收集最新的信息上	1	2	3	4	5
04　我采取不同的方法寻找信息源以获取相关信息	1	2	3	4	5
05　我持续搜寻信息，直到发现所有相关信息才满意	1	2	3	4	5
06　我持续搜寻信息，直到发现所有解决问题的信息	1	2	3	4	5
07　我投入充足时间来发现所有可用信息	1	2	3	4	5
08　我努力搜寻与评估所有可能的问题解决方案	1	2	3	4	5
09　我主要聚焦于获取与利用主营业务所在行业外的信息	1	2	3	4	5
10　我主要聚焦于获取与利用那些自己已经很熟悉的信息	1	2	3	4	5

第三部分　公司的资源整合

13. 请您评价如下表述与贵公司资源整合方式实际情况的符合程度，在相应数字上画“√”：

题项	非常不符合 ⟷ 非常符合				
01　公司热衷于对现有资源组合进行微调	1	2	3	4	5
02　公司热衷于增加现有资源数量	1	2	3	4	5
03　公司热衷于重建那些遭到削弱的现有资源组合	1	2	3	4	5
04　公司努力保持现有人员、技术、管理流程等基础性资源不发生显著变化	1	2	3	4	5
05　公司热衷于提高现有资源（员工、设备）的质量	1	2	3	4	5
06　公司热衷于将更好的资源添加到不断变化的资源组合中	1	2	3	4	5
07　公司热衷于用更高质量的资源来替代现有资源	1	2	3	4	5
08　公司热衷于更加有效与高效率地利用资源	1	2	3	4	5
09　公司热衷于用有创意的新方法对现有资源进行组合	1	2	3	4	5
10　公司热衷于将新的资源组合到一起	1	2	3	4	5
11　公司热衷于创造性地将新的资源与现有资源加以组合	1	2	3	4	5

第四部分 公司的商业模式

商业模式是指公司围绕主营业务，设计出的与利益相关者做生意的方式。

14. 下列题项用来了解贵公司商业模式的创新程度，请您比较贵公司商业模式与竞争对手的商业模式，并据此来评价如下表述与贵公司商业模式实际情况的相符合程度，在相应数字上画"√"：

题项	非常不符合 ⟷ 非常符合				
01 公司的商业模式提供了新的产品、服务、信息或它们的新组合	1	2	3	4	5
02 公司的商业模式引入了新参与者	1	2	3	4	5
03 公司的商业模式为参与者提供了新的交易激励	1	2	3	4	5
04 在公司的商业模式中，参与者和/或商品的多样性和数量是前所未有的	1	2	3	4	5
05 公司的商业模式采用了新的交易方式来联结参与者	1	2	3	4	5
06 在公司的商业模式中，参与者之间某些联结丰富度（质量和深度）是新颖的，如传统采购关系转变为合作研发关系	1	2	3	4	5
07 公司持续地推动商业模式创新	1	2	3	4	5
08 公司的商业模式还在盈利方式等其他方面表现出了新颖性	1	2	3	4	5
09 总的来说，公司的商业模式是新颖的	1	2	3	4	5

第五部分 公司绩效与创业者认知风格

15. 您对公司创建至今的绩效表现是否满意？请您结合自身感受，在相应的数字上画"√"。

题项	非常不满意 ⟷ 非常满意				
01 公司净收益率	1	2	3	4	5
02 公司投资收益率	1	2	3	4	5
03 公司市场占有率	1	2	3	4	5
04 公司净收益增长速度	1	2	3	4	5

续表

题项	非常不满意 ⟷ 非常满意				
05 公司销售额增长速度	1	2	3	4	5
06 公司雇员数量增长速度	1	2	3	4	5
07 公司产品或者服务增长速度	1	2	3	4	5
08 公司市场份额增长速度	1	2	3	4	5
09 公司资金周转速度	1	2	3	4	5

16. 请根据如下表述与您所偏好的做事方式的相符合程度，在相应的数字上画“√”：

题项	非常不符合 ⟷ 非常符合				
01 我做事遵守规定，不违背常规做法	1	2	3	4	5
02 我喜欢做细节上很具体的工作	1	2	3	4	5
03 对待权威观点或大众舆论时，我会非常谨慎	1	2	3	4	5
04 如果未被授权，我不会轻易地开展行动	1	2	3	4	5
05 对于老生常谈的问题，我常会有新的看法	1	2	3	4	5
06 我做事周密细致	1	2	3	4	5
07 我能够同时处理多个新想法与新问题	1	2	3	4	5
08 我能保持积极振奋的态度来做事情	1	2	3	4	5
09 我常有独创性的见解	1	2	3	4	5
10 我尽力掌握所有工作细节	1	2	3	4	5
11 我喜欢向别人传播新思想	1	2	3	4	5
12 我做事有条不紊	1	2	3	4	5
13 我能快速地适应规章制度的要求	1	2	3	4	5

附录 B　不同发放途径的样本同质性检验结果

项目	F	Sig.	项目	F	Sig.
性别	12.363	0.000	扫描持续 1	0.516	0.285
年龄	5.184	0.126	扫描持续 2	0.464	0.116
教育背景	6.050	0.014	扫描持续 3	2.376	0.836
企业年龄	20.768	0.046	扫描持续 4	0.102	0.007
资产规模	0.847	0.536	商业模式创新 1	0.035	0.370
行业	2.019	0.067	商业模式创新 2	0.517	0.100
稳定型方式 1	0.614	0.391	商业模式创新 3	2.244	0.002
稳定型方式 2	1.654	0.769	商业模式创新 4	1.356	0.374
稳定型方式 3	2.942	0.504	商业模式创新 5	0.934	0.033
稳定型方式 4	0.048	0.401	商业模式创新 6	1.307	0.026
完善型方式 1	1.728	0.057	商业模式创新 7	0.825	0.549
完善型方式 2	0.043	0.285	商业模式创新 8	5.491	0.397
完善型方式 3	0.181	0.309	商业模式创新 9	0.573	0.381
完善型方式 4	0.915	0.053	绩效 1	4.877	0.033
开拓型方式 1	1.256	0.648	绩效 2	4.211	0.598
开拓型方式 2	0.196	0.266	绩效 3	4.898	0.516
开拓型方式 3	0.354	0.978	绩效 4	1.695	0.585
扫描努力 1	0.178	0.989	绩效 5	6.642	0.605
扫描努力 2	1.763	0.012	绩效 6	3.473	0.160
扫描努力 3	2.349	0.693	绩效 7	8.717	0.026
扫描努力 4	3.449	0.001	绩效 8	2.591	0.790
			绩效 9	9.314	0.502

参考文献

[1] 蔡莉，尹苗苗. 新创企业学习能力、资源整合方式对企业绩效的影响研究 [J]. 管理世界，2009 (10)：129-132.

[2] 迟考勋，薛鸿博，杨俊等. 商业模式研究中的认知视角述评与研究框架构建 [J]. 外国经济与管理，2016 (5)：3-17.

[3] 董洁林，陈娟. 互联网时代制造商如何重塑与用户的关系——基于小米商业模式的案例研究 [J]. 中国软科学，2015 (8)：22-33.

[4] 龚丽敏，魏江，董忆等. 商业模式研究现状和流派识别：基于 1997~2010 年 SSCI 引用情况的分析 [J]. 管理评论，2013 (6)：131-140

[5] 郭朝阳，吕秋霞. 成员参与动机对虚拟社区商业模式的影响 [J]. 中国工业经济，2009 (1)：98-107.

[6] 胡保亮. 商业模式、创新双元性与企业绩效的关系研究 [J]. 科研管理，2015 (11)：29-36.

[7] 李东，罗倩. 创新获利条件、合作控制权与载体商业模式——基于 C-P-C 逻辑的合作创新控制权分析框架 [J]. 中国工业经济，2013 (2)：104-116.

[8] 李会军，席酉民，葛京. 基于和谐管理理论的一种整合商业模式概念框架 [J]. 管理学报，2015 (9)：1255-1262.

[9] 李新春，叶文平，朱沆. 牢笼的束缚与抗争：地区关系文化与创业企业的关系战略 [J]. 管理世界，2016 (10)：88-102.

[10] 刘小元，林嵩. 社会情境、职业地位与社会个体的创业倾向 [J]. 管理评论，2015 (10)：138-149.

[11] 罗珉，李亮宇. 互联网时代的商业模式创新：价值创造视角 [J]. 中

国工业经济，2015（1）：95–107.

［12］罗珉，曾涛，周思伟. 企业商业模式创新：基于租金理论的解释［J］. 中国工业经济，2005（7）：73–81.

［13］罗兴武，刘洋，项国鹏等. 中国转型经济情境下的商业模式创新：主题设计与量表开发［J］. 外国经济与管理，2018（1）：33–49.

［14］欧阳洁，王观. 企业融资，成本能再低点吗？［N］. 人民日报，2016–01–18.

［15］庞长伟，李垣，段光. 整合能力与企业绩效：商业模式创新的中介作用［J］. 管理科学，2015（5）：31–41.

［16］清华大学中国创业研究中心. 全球创业观察 2011 中国报告［R］. 清华大学，2011.

［17］宋旭琴，蓝海林. 我国企业集团多元化战略的实证研究［J］. 科学学与科学技术管理，2007（12）：97–101.

［18］孙俊华，刘海建. 多元化战略测量方法论及其在中国情境下的应用研究［J］. 科学学与科学技术管理，2008（1）：33–41.

［19］钛媒体. 一场不可能盈利的生死赛跑，中国共享单车最全调查［EB/OL］. http：//www.tmtpost.com/2592506.html，2017.

［20］魏泽龙，宋茜，权一鸣. 开放学习与商业模式创新：竞争环境的调节作用［J］. 管理评论，2017（12）：27–38.

［21］吴航，陈劲. 企业外部知识搜索与创新绩效：一个新的理论框架［J］. 科学学与科学技术管理，2015（4）：143–151.

［22］吴晓波，赵子溢. 商业模式创新的前因问题：研究综述与展望［J］. 外国经济与管理，2017（1）：114–127.

［23］谢家琳. 实地研究中的问卷调查法［M］//陈晓萍，徐淑英，樊景立. 组织与管理研究的实证方法（第二版）［M］. 北京：北京大学出版社，2012.

［24］邢小强，仝允桓，陈晓鹏. 金字塔底层市场的商业模式：一个多案例研究［J］. 管理世界，2011（10）：108–124.

［25］杨慧军，杨建君. 外部搜寻、联结强度、吸收能力与创新绩效的关系［J］. 管理科学，2016（3）：24–37.

［26］杨俊，迟考勋，薛鸿博等. 先前图式、意义建构与商业模式设计［J］. 管理学报，2016（8）：1199-1207.

［27］姚明明，吴晓波，石涌江. 技术追赶视角下商业模式设计与技术创新战略的匹配—— 一个多案例研究［J］. 管理世界，2014（10）：149-162.

［28］叶广宇，万庆良，陈静玲. 政治资源、商业模式与民营企业总部选址［J］. 南开管理评论，2010（4）：62-70.

［29］叶文平，朱沆，李新春. 财富积累速度、制度环境感知与创业者进取心——基于分析师调研报告的实证研究［J］. 南开管理评论，2017（3）：172-181.

［30］尹苗苗，马艳丽. 不同环境下新创企业资源整合与绩效关系研究［J］. 科研管理，2014（8）：110-116.

［31］尹苗苗，王玲. 创业领域资源整合研究现状与未来探析［J］. 外国经济与管理，2015（8）：3-12.

［32］张敬伟，王迎军. 商业模式与战略关系辨析——兼论商业模式研究的意义［J］. 外国经济与管理，2011（4）：10-18.

［33］赵晶. 企业社会资本与面向低收入群体的资源开发型商业模式创新［J］. 中国软科学，2010（4）：116-123.

［34］Achtenhagen L，Melin L，Naldi L. Dynamics of business models-strategizing，critical capabilities and activities for sustained value creation［J］. Long Range Planning，2013，46（6）：427-442.

［35］Aguilar F J. Scanning the business environment［M］. New York：MacMillan Company，1967.

［36］Ahuja G，Katila R. Where do resources come from? The role of idiosyn cratic situations［J］. Strategic Management Journal，2004，25（8-9）：887-907.

［37］Alcalde H，Guerrero M. Open business models in entrepreneurial stages：evidence from young Spanish firms during expansionary and recessionary periods［J］. International Entrepreneurship and Management Journal，2016，12（2）：393-413.

［38］Aldrich H E. Organization and environments［M］. Thousand Oaks：

Sage Publication, 1999.

[39] Amit R, Zott C. Crafting business architecture: the antecedents of business model design [J]. Strategic Entrepreneurship Journal, 2015, 9 (4): 331-350.

[40] Amit R, Zott C. Creating value through business model innovation [J]. MIT Sloan Management Review, 2012, 53 (3): 41-49.

[41] Amit R, Zott C. Value creation in e-business [J]. Strategic Management Journal, 2001, 22 (6/7): 493-520.

[42] Andries P, Debackere K, Looy B. Simultaneous experimentation as a learning strategy: business model development under uncertainty [J]. Strategic Entrepreneurship Journal, 2013, 7 (4): 288-310.

[43] Arend R J. The business model: present and future-beyond a skeumorph [J]. Strategic Organization, 2013, 11 (4): 390-402.

[44] Aspara J, Lamberg J, Laukia A, et al. Corporate business model transformation and inter-organizational cognition: the case of Nokia [J]. Long Range Planning, 2013, 46 (6): 459-474.

[45] Aspara J, Lamberg J, Laukia A, et al. Strategic management of business model transformation: lessons from Nokia [J]. Management Decision, 2011, 49 (4): 622-647.

[46] Baden-Fuller C, Haefliger S. Business models and technological innovation [J]. Long Range Planning, 2013, 46 (6): 419-426.

[47] Baden-Fuller C, Morgan M S. Business models as models [J]. Long Range Planning, 2010, 43 (2): 156-171.

[48] Barney J B, Arikan A M. The resource-based view: origins and implications [M]. In Hitt M A, Freeman R E, Harrison J S. Handbook of Strategic Management. Oxford: Blackwell, 2001: 124-188.

[49] Barney J B. Firm resources and sustained competitive advantage [J]. Journal of Management, 1991, 17 (1): 99-120.

[50] Baron R M, Kenny D A. The moderator-mediator variable distinction

in social psychological research: conceptual, strategic, and statistical considerations [J]. Journal of Personality and Social Psychology, 1986, 51 (6): 1173-1182.

[51] Barringer B R, Jones F F, Neubaum D O. A quantitative content analysis of the characteristics of rapid-growth firms and their founders [J]. Journal of Business Venturing, 2005, 20 (5): 663-687.

[52] Bartlett F C. Remembering [M]. Cambridge: Cambridge University Press, 1932.

[53] Battistella C, Biotto G, De Toni A F. From design driven innovation to meaning strategy [J]. Management Decision, 2012, 50 (4): 718-743.

[54] Baum J R, Bird B J, Singh S. The practical intelligence of entrepreneurs: antecedents and a link with new venture growth [J]. Personnel Psychology, 2011, 64 (2): 397-425.

[55] Bcg. Bcg innovation survey [R]. Boston Consulting Group, 2008.

[56] Beal R M. Competing effectively: environmental scanning, competitive strategy, and organizational performance in small manufacturing firms [J]. Journal of Small Business Management, 2000, 38 (1): 27-47.

[57] Belsley D A, Kuh E, Welsch R E. Regression diagnostic: identifying influential data and sources of collinearity [M]. New York: John Wiley & Sons, 1980.

[58] Benson-Rea M, Brodie R J, Sima H. The plurality of co-existing business models: investigating the complexity of value drivers [J]. Industrial Marketing Management, 2013, 42 (5): 717-729.

[59] Bigdeli A Z, Li F, Shi X. Sustainability and scalability of university spinouts: a business model perspective [J]. R&D Management, 2016, 46 (3): 504-518.

[60] Bocken N M P, Short S W, Rana P, et al. A literature and practice review to develop sustainable business model archetypes [J]. Journal of Cleaner Production, 2014, 65 (4): 42-56.

[61] Bogers M, Hadar R, Bilberg A. Additive manufacturing for consumer-centric business models: implications for supply chains in consumer goods manufacturing [J]. Technological Forecasting & Social Change, 2016, 102: 225-239.

[62] Bonaccorsi A, Giannangeli S, Rossi C. Entry strategies under competing standards: hybrid business models in the open source software industry [J]. Management Science, 2004, 52 (7): 1085-1098.

[63] Bouncken R B, Fredrich V. Business model innovation in alliances: successful configurations [J]. Journal of Business Research, 2016, 69 (9): 3584-3590.

[64] Boxenbaum E, Battilana J. Importation as innovation: transposing managerial practices across fields [J]. Strategic Organization, 2005, 3 (4): 355-383.

[65] Brandenburger A M, Stuart H. Value-based business strategy [J]. Journal of Economics and Management Strategy, 1996, 5 (1): 5-25.

[66] Brea-Solís H, Casadesus-Masanell R, Grifell-Tatjé E. Business model evaluation: quantifying Walmart's sources of advantage [J]. Strategic Entrepreneurship Journal, 2015, 9 (1): 12-33.

[67] Calori R, Johnson G, Sarnin P. Ceos' cognitive maps and the scope of the organization [J]. Strategic Management Journal, 1994, 15 (6): 437-457.

[68] Casadesus-Masanell R, Llanes G. Mixed source [J]. Management Science, 2011, 57 (7): 1212-1230.

[69] Casadesus-Masanell R, Ricart J E. From strategy to business models and onto tactics [J]. Long Range Planning, 2010, 43 (2): 195-215.

[70] Cassar G. Industry and startup experience on entrepreneur forecast performance in new firms [J]. Journal of Business Venturing, 2014, 29 (1): 137-151.

[71] Cavalcante S, Kesting P, Ulhøi J. Business model dynamics and innovation: (re) establishing the missing linkages [J]. Management Decision, 2011, 49 (8): 1327-1342.

[72] Chan T, Gountas S, Zhang L, et al. Western firms' successful and unsuccessful business models in china [J]. Journal of Business Research, 2016, 69 (1): 4150-4160.

[73] Chesbrough H, Rosenbloom R S. The role of the business model in capturing value from innovation: evidence from Xerox Corporation's technology spin-off companies [J]. Industrial and Corporate Change, 2002, 11 (3): 529-555.

[74] Chesbrough H, Schwartz K. Innovating business models with co-development partnerships [J]. Research-Technology Management, 2007, 50 (1): 55-59.

[75] Chesbrough H. Business model innovation: opportunities and barriers [J]. Long Range Planning, 2010, 43 (2): 354-363.

[76] Child J, Lu Y, Tsai T. Institutional entrepreneurship in building an environmental protection system for the people's republic of China [J]. Organization Studies, 2007, 28 (7): 1013-1034.

[77] Churchill G A. A paradigm for developing better measures of marketing constructs [J]. Journal of Marketing Research, 1979, 16 (1): 64-73.

[78] Clauss T. Measuring business model innovation: conceptualization, scale development, and proof of performance [J]. R&D Management, 2017, 47 (3): 385-403.

[79] Cliff J E, Jennings P D, Greenwood R. New to the game and questioning the rules: the experiences and beliefs of founders who start imitative versus innovative firms [J]. Journal of Business Venturing, 2006, 21 (5): 633-663.

[80] Colombo M G, Grilli L. Founders' human capital and the growth of new technology-based firms: a competence-based view [J]. Research Policy, 2005, 34 (6): 795-816.

[81] Comrey A L. A first course in factor analysis [M]. New York: Academic Press, 1973.

[82] Coombes P H, Nicholson J D. Business models and their relationship

with marketing: a systematic literature review [J]. Industrial Marketing Management, 2013, 42 (5): 656-664.

[83] Covin J G, Slevin D P. Strategic management of small firms in hostile and benign environments [J]. Strategic Management Journal, 1989, 10 (1): 75-87.

[84] Cucculelli M, Bettinelli C. Business models, intangibles and firm performance: evidence on corporate entrepreneurship from Italian manufacturing SMEs [J]. Small Business Economics, 2015, 45 (2): 329-350.

[85] Daft R L, Sormunen J, Parks D. Chief executive scanning, environmental characteristics, and company performance: an empirical study [J]. Strategic Management Journal, 1988, 9 (2): 123-139.

[86] Dahlander L, O'Mahony S, Gann D M. One foot in, one foot out: how does individuals' external search breadth affect innovation outcomes? [J]. Strategic Management Journal, 2014, 37 (2): 280-302.

[87] Dasilva C M, Trkman P. Business model: what it is and what it is not [J]. Long Range Planning, 2014, 47 (6): 379-389.

[88] Davenport T H, Leibold M, Voelpel S. Strategic management in the innovation economy [M]. Erlangen: Publicis Corporate Publishing and Wiley, 2006.

[89] Demil B, Lecocq X, Ricart J E, et al. Introduction to the SEJ special issue on business models: business models within the domain of strategic entrepreneurship [J]. Strategic Entrepreneurship Journal, 2015, 9 (1): 1-11.

[90] Denicolai S, Ramirez M, Tidd J. Creating and capturing value from external knowledge: the moderating role of knowledge intensity [J]. R&D Management, 2014, 44 (3): 248-264.

[91] Dess G G, Robinson R B. Measuring organizational performance in the absence of objective measures: the case of the privately-held firm and conglomerate business unit [J]. Strategic Management Journal, 1984, 5 (3): 265-273.

[92] Devellis R F. Scale development: theory and applications [M]. Newbury Park: Sage Publication, 1991.

[93] Dimaggio P J, Powell W W. The iron cage revisited: institutional isomorphism and collective rationality in organizational fields [J]. American Sociological Review, 1983. 48 (2): 147–160.

[94] Dimaggio P J. Interest and agency in institutional theory [M]. In L. G. Zucker. Institutional Patterns and Organizations: Culture and Environment. Cambridge, MA: Ballinger, 1988.

[95] Dimaggio P. Culture and cognition [J]. Annual Review of Sociology, 1997, 23 (1): 263–287.

[96] Dmitriev V, Simmons G, Truong Y, et al. An exploration of business model development in the commercialization of technology innovations [J]. R&D Management, 2014, 44 (3): 306–321.

[97] Doz Y L, Kosonen M. Embedding strategic agility: a leadership agenda for accelerating business model renewal [J]. Long Range Planning, 2010, 43 (2): 370–382.

[98] Ferreras–Méndez J L, Newell S, Fernández–Mesa A, et al. Depth and breadth of external knowledge search and performance: the mediating role of absorptive capacity [J]. Industrial Marketing Management, 2015, 47 (SI): 86–97.

[99] Fiet J O, Patel P C. Forgiving business models for new ventures [J]. Entrepreneurship Theory and Practice, 2008, 32 (4): 749–761.

[100] Fiet J O. A prescriptive analysis of search and discovery [J]. Journal of Management Studies, 2007, 44 (4): 592–611.

[101] Fiske S T, Taylor S. Social cognition (2nd) [M]. New York: Random House, 1991.

[102] Floyd F J, Widaman K F. Factor analysis in the development and refinement of clinical assessment instruments [J]. Psychological Assessment, 1995, 7 (3): 286–299.

[103] Foss N J, Saebi T. Fifteen years of research on business model innovation: how far have we come, and where should we go? [J]. Journal of Management, 2017, 43 (1): 200-227.

[104] Gambardella A, Mcgahan A M. Business-model innovation: general purpose technologies and their implications for industry structure [J]. Long Range Planning, 2010, 43 (2/3): 262-271.

[105] Garg V K, Walters B A, Priem R L. Chief executive scanning em phases, environmental dynamism, and manufacturing firm performance [J]. Strategic Management Journal, 2003, 24 (8): 725-744.

[106] Garud R, Hardy C, Maguire S. Institutional entrepreneurship as embedded agency: an introduction to the special issue [J]. Organization Studies, 2007, 28 (7): 957-969.

[107] Garud R, Jain S, Kumaraswamy A. Institutional entrepreneurship in the sponsorship of common technological standards: the case of Sun Microsystems and Java [J]. Academy of Management Journal, 2002, 45 (1): 196-214.

[108] Gary M S, Wood R E. Mental models, decision rules, and performance heterogeneity [J]. Strategic Management Journal, 2011, 32 (6): 569-594.

[109] Ge. The Ge innovation Barometer 2016 [R]. General Electric Company, 2016.

[110] Gem. Global entrepreneurship monitor 2016/2017 global report [R]. The Global Entrepreneurship Monitor, 2017.

[111] Gentner D. Structure-mapping: a theoretical framework for analogy [J]. Cognitive Science, 1983, 7 (2): 155-170.

[112] George G, Bock A J. The business model in practice and its implications for entrepreneurship research [J]. Entrepreneurship Theory and Practice, 2011, 35 (1): 83-111.

[113] Gerasymenko V, De Clercq D, Sapienza H J. Changing the business model: effects of venture capital firms and outside CEOs on portfolio company

performance [J]. Strategic Entrepreneurship Journal, 2015, 9 (1): 79–98.

[114] Gielnik M M, Krämer A C, Kappel B, et al. Antecedents of business opportunity identification and innovation: investigating the interplay of information processing and information acquisition [J]. Applied Psychology, 2012, 63 (2): 344–381.

[115] Greenwood R, Suddaby R, Hinings C R. Theorizing change: the role of professional associations in the transformation of institutionalized fields [J]. Academy of Management Journal, 2002, 45 (1): 58–80.

[116] Gronum S, Steen J, Verreynne M. Business model design and innovation: unlocking the performance benefits of innovation [J]. Australian Journal of Management, 2016, 41 (3): 585–605.

[117] Gulati R, Sytch M. Dependence asymmetry and joint dependence in interorganizational relationships: effects of embeddedness on a manufacturer's performance in procurement relationships [J]. Administrative Science Quarterly, 2007, 52 (1): 32–69.

[118] Guo H, Su Z, Ahlstrom D. Business model innovation: the effects of exploratory orientation, opportunity recognition, and entrepreneurial bricolage in an emerging economy [J]. Asia Pacific Journal of Management, 2016, 33 (2): 533–549.

[119] Guo H, Su Z, Katz J, et al. Opportunity recognition and SME performance: the mediating effect of business model innovation [J]. R&D Management, 2017, 47 (3): 431–442.

[120] Guo H, Zhao J, Tang J. The role of top managers' human and social capital in business model innovation [J]. Chinese Management Studies, 2013, 7(3): 447–469.

[121] Hahn T, Preuss L, Pinkse J, et al. Cognitive frames in corporate sustainability: managerial sensemaking with paradoxical and business case frames [J]. Academy of Management Review, 2014, 39 (4): 463–487.

[122] Halme M, Lindeman S, Linna P. Innovation for inclusive business:

intrapreneurial bricolage in multinational corporations [J]. Journal of Management Studies, 2012, 49 (4): 743-784.

[123] Hambrick D C, Mason P A. Upper echelons: the organization as a reflection of its top managers [J]. Academy of Management Review, 1984, 9 (2): 193-206.

[124] Hambrick D C. Environmental scanning and organizational strategy [J]. Strategic Management Journal, 1982, 3 (2): 159-174.

[125] Hamel G. Leading the revolution [M]. Cambridge: Harvard Business School Press, 2001.

[126] Hargadon A B, Douglas Y. When innovations meet institutions: Edison and the design of the electric light [J]. Administrative Science Quarterly, 2001, 46 (3): 476-501.

[127] Huang H C, Lai M C, Kao M C, et al. Target costing, business model innovation, and firm performance: an empirical analysis of Chinese firms [J]. Canadian Journal of Administrative Sciences, 2012, 29 (4): 322-335.

[128] Hughes J, Lang K R, Vragov R. An analytical framework for evaluating peer-to-peer business models [J]. Electronic Commerce Research and Applications, 2008, 7 (1): 105-118.

[129] Jones M V, Casulli L. International entrepreneurship: exploring the logic and utility of individual experience through comparative reasoning approaches [J]. Entrepreneurship Theory and Practice, 2014, 38 (1): 45-69.

[130] Kabanoff B, Brown S. Knowledge structures of prospectors, analyzers, and defenders: content, structure, stability, and performance [J]. Strategic Management Journal, 2008, 29 (2): 149-171.

[131] Kahneman D, Tversky A. On the psychology of prediction [J]. Psychological Review, 1973, 80 (4): 237-251.

[132] Kahneman D. Attention and effort [M]. New Jersey: Englewood Cliffs, 1973.

[133] Kaplan S. Research in cognition and strategy: reflections on two

decades of progress and a look to the future [J]. Journal of Management Studies, 2011, 48 (3): 665-695.

[134] Katila R, Ahuja G. Something old, something new: a longitudinal study of search behavior and new product introduction [J]. Academy of Management Journal, 2002, 45 (6): 1183-1194.

[135] Katila R. New product search over time: past ideas in their prime? [J]. Academy of Management Journal, 2002, 45 (5): 995-1010.

[136] Khanagha S, Volberda H, Oshri I. Business model renewal and ambidexterity: structural alteration and strategy formation process during transition to a cloud business model [J]. R&D Management, 2014, 44 (SI): 322-340.

[137] Kim S K, Min S. Business model innovation performance: when does adding a new business model benefit an incumbent? [J]. Strategic Entrepreneurship Journal, 2015, 9 (1): 34-57.

[138] Klang D, Wallnöfer M, Hacklin F. The business model paradox: a systematic review and exploration of antecedents [J]. International Journal of Management Reviews, 2014, 16 (4): 454-478.

[139] Kort M J J, Vermeulen P A M. Entrepreneurial decision-makers and the use of biases and heuristics [M]. In Vermeulen P A M, Curseu P L. Entrepreneurial Strategic Decision-Making: A Cognitive Approach. Cheltenham: Edward Elgar, 2008: 123-134.

[140] Kraatz M S, Moore J H. Executive migration and institutional change [J]. Academy of Management Journal, 2002, 45 (1): 120-143.

[141] Kshetri N. Barriers to e-commerce and competitive business models in developing countries: a case study [J]. Electronic Commerce Research and Applications, 2008, 6 (4): 443-452.

[142] Kulins C, Leonardy H, Weber C. A configurational approach in business model design [J]. Journal of Business Research, 2016, 69 (4): 1437-1441.

[143] Landry R, Amara N, Cloutier J S, et al. Technology transfer orga-

nizations: services and business models [J]. Technovation, 2013, 33 (12): 431-449.

[144] Levinthal D, Myatt J. Co-evolution of capabilities and industry: the evolution of mutual fund processing [J]. Strategic Management Journal, 1994, (15): 45-62.

[145] Levy O. The influence of top management team attention patterns on global strategic posture of firms [J]. Journal of Organizational Behavior, 2005, 26 (7): 797-819.

[146] Li Q, Maggitti P G, Smith K G, et al. Top management attention to innovation: the role of search selection and intensity in new product introductions [J]. Academy of Management Journal, 2013, 56 (3): 893-916.

[147] Lien L B, Klein P G. Using competition to measure relatedness [J]. Journal of Management, 2009, 35 (4): 1078-1107.

[148] Loock M, Hacklin F. Business modelling as configuring heuristics [M]. In Baden-Fuller C, Mangematin V. Business models and Modelling. Bradford: Emerald Group Publishing, 2015.

[149] Maggitti P G, Smith K G, Katila R. The complex search process of invention [J]. Research Policy, 2013, 42 (1): 90-100.

[150] Maglio P P, Spohrer J. A service science perspective on business model innovation [J]. Industrial Marketing Management, 2013, 42 (5): 665-670.

[151] Maguire S, Hardy C, Lawrence T B. Institutional entrepreneurship in emerging fields: HIV/AIDS treatment advocacy in Canada [J]. Academy of Management Journal, 2004, 47 (5): 657-679.

[152] Maitlis S, Christianson M. Sensemaking in organizations: taking stock and moving forward [J]. Academy of Management Annals, 2014, 8 (1): 57-125.

[153] Malmström M, Johansson J, Wincent J. Cognitive constructions of low-profit and high-profit business models: a repertory grid study of serial entrepreneurs [J]. Entrepreneurship Theory and Practice, 2015, 39 (5): 1083-1109.

[154] Mangematin V, Lemarie S, Boissin J P, et al. Development of SMEs and heterogeneity of trajectories: the case of biotechnology in France [J]. Research Policy, 2003, 32 (4): 621-638.

[155] Martins L L, Rindova V P, Greenbaum B E. Unlocking the hidden value of concepts: a cognitive approach to business model innovation [J]. Strategic Entrepreneurship Journal, 2015, 9 (1): 99-117.

[156] Mason K J, Leek S. Learning to build a supply network: an exploration of dynamic business models [J]. Journal of Management Studies, 2008, 45 (4): 774-799.

[157] Mason K, Spring M. The sites and practices of business models [J]. Industrial Marketing Management, 2011, 40 (6): 1032-1041.

[158] May R C, Stewart W H, Sweo R. Environmental scanning behavior in a transitional economy: evidence from Russia [J]. Academy of Management Journal, 2000, 43 (3): 403-427.

[159] Mcdougall P P, Shane S, Oviatt B M. Explaining the formation of international new ventures: the limits of theories from international business research [J]. Journal of Business Venturing, 1994, 9 (6): 469-487.

[160] Mcgrath R G. Business models: a discovery driven approach [J]. Long Range Planning, 2010, 43 (2): 247-261.

[161] Mehrizi M H R, Lashkarbolouki M. Unlearning troubled business models: from realization to marginalization [J]. Long Range Planning, 2016, 49 (3): 298-323.

[162] Mezger F. Toward a capability-based conceptualization of business model innovation: insights from an explorative study [J]. R&D Management, 2014, 44 (5): 429-449.

[163] Miles J A. Management and organization theory [M]. San Francisco: John Wiley & Sons, 2012.

[164] Misangyi V F, Weaver G W, Elms H. Ending corruption: the interplay among institutional logics, resources, and institutional entrepreneurs

[J]. Academy of Management Review, 2008, 33 (3): 750-770.

[165] Morris M, Schindehutte M, Allen J. The entrepreneur's business model: toward a unified perspective [J]. Journal of Business Research, 2005, 58 (6): 726-735.

[166] Morris M, Shirokova G, Shatalov A. The business model and firm performance: the case of Russian food service ventures [J]. Journal of Small Business Management, 2013, 51 (1): 46-65.

[167] Mueller B A, Shepherd D A. Making the most of failure experiences: exploring the relationship between business failure and the identification of business opportunities [J]. Entrepreneurship Theory and Practice, 2016, 40 (3): 457-487.

[168] Mutch A. Reflexivity and the institutional entrepreneur: a historical exploration [J]. Organization Studies, 2007, 28 (7): 1123-1140.

[169] Nadkarni S, Barr P S. Environmental context, managerial cognition, and strategic action: an integrated view [J]. Strategic Management Journal, 2008, 29 (13): 1395-1427.

[170] Narayanan V K, Zane L J, Kemmerer B. The cognitive perspective in strategy: an integrative review [J]. Journal of Management, 2011, 37 (1): 305-351.

[171] Nunnally J C. Psychometric theory [M]. New York: McGraw Hill, 1978.

[172] Osiyevskyy O, Dewald J. Explorative versus exploitative business model change: the cognitive antecedents of firm-level responses to disruptive innovation [J]. Strategic Entrepreneurship Journal, 2015a, 9 (1): 58-78.

[173] Osiyevskyy O, Dewald J. Inducements, impediments, and immediacy: exploring the cognitive drivers of small business managers' intentions to adopt business model change [J]. Journal of Small Business Management, 2015b, 53 (4): 1011-1032.

[174] Osterwalder A. The business model ontology: a proposition in a de-

sign science approach [D]. Lausanne: University of Lausanne, 2004.

[175] Paladino A. Investigating the drivers of innovation and new product success: a comparison of strategic orientations [J]. Journal of Product Innovation Management, 2007, 24 (6): 534-553.

[176] Patzelt H, Knyphausen-Aufseß Z, Nikol P. Top management teams, business models, and performance of biotechnology ventures: an upper echelon perspective [J]. British Journal of Management, 2008, 19 (3): 205-221.

[177] Perkmann M, Spicer A. Healing the scars of history: projects, skills and field strategies in institutional entrepreneurship [J]. Organization Studies, 2007, 28 (7): 1101-1122.

[178] Perttula M, Sipila P. The idea exposure paradigm in design idea generation [J]. Journal of Engineering Design, 2007, 18 (1): 93-102.

[179] Peteraf M A. The cornerstones of competitive advantage: a resource-based view [J]. Strategic Management Journal, 1993, 14 (3): 179-191.

[180] Phene A, Fladmoe-Lindquist K, Marsh L. Breakthrough innovations in the U. S. biotechnology industry: the effects of technological space and geographic origin [J]. Strategic Management Journal, 2006, 27 (4): 369-388.

[181] Politis D. The process of entrepreneurial learning: a conceptual framework [J]. Entrepreneurship Theory and Practice, 2005, 29 (4): 399-424.

[182] Porter M E. Strategy and the internet [J]. Harvard Business Review, 2001, 79 (3): 62-78.

[183] Priem R L, Butler J E, Li S. Toward reimagining strategy research: retrospection and prospection on the 2011 AMR decade award article [J]. Academy of Management Review, 2013, 38 (4): 471-489.

[184] Priem R L, Butler J E. Is the resource-based "view" a useful perspective for strategic management research? [J]. Academy of Management Review, 2001, 26 (1): 22-40.

[185] Pries F, Guild P. Commercializing inventions resulting from university research: analyzing the impact of technology characteristics on subsequent

business models [J]. Technovation, 2011, 31 (4): 151-160.

[186] Punj G. The relationship between consumer characteristics and willingness to pay for general online content: implications for content providers considering subscription-based business models [J]. Marketing Letters, 2015, 26 (2): 175-186.

[187] Puranam P, Singh H, Zollo M. A bird in the hand or two in the bush? [J]. European Management Journal, 2003, 21 (2): 179-184.

[188] Reymen I, Berends H, Oudehand R, et al. Decision making for business model development: a process study of effectuation and causation in new technology-based ventures [J]. R&D Management, 2017, 47 (4): 595-606.

[189] Sarma S, Sun S L. The genesis of fabless business model: institu tional entrepreneurs in an adaptive ecosystem [J]. Asia Pacific Journal of Management, 2017, 34 (3): 587-617.

[190] Schwenk C R. The cognitive perspective on strategic decision making [J]. Journal of Management Studies, 1988, 25 (1): 41-55.

[191] Scott W R. Institutions and organizations [M]. Thousand Oaks: Sage Publication, 1995.

[192] Seawright K W, Smith I H, Mitchell R K, et al. Exploring entrepreneurial cognition in franchisees: a knowledge-structure approach [J]. Entrepreneurship Theory and Practice, 2013, 37 (2): 201-227.

[193] Seo M, Creed W E D. Institutional contradictions, praxis, and institutional change: a dialectical perspective [J]. Academy of Management Review, 2002, 27 (2): 222-247.

[194] Shafer S M, Smith H J, Linder J C. The power of business models [J]. Business Horizons, 2005, 48 (3): 199-207.

[195] Sidhu J S, Commandeur H R, Volberda H W. The multifaceted nature of exploration and exploitation: value of supply, demand, and spatial search for innovation [J]. Organization Science, 2007, 18 (1): 20-38.

[196] Siggelkow N. Evolution toward fit [J]. Administrative Science Quar-

terly, 2002, 47 (1): 125-159.

[197] Sirmon D G, Gove S, Hitt M A. Resource management in dyadic competitive rivalry: the effects of resource bundling and deployment [J]. Academy of Management Journal, 2008, 51 (5): 918-935.

[198] Sirmon D G, Hitt M A, Ireland R D. Managing firm resources in dynamic environments to create value: looking inside the black box [J]. Academy of Management Review, 2007, 32 (1): 273-292.

[199] Sirmon D G, Hitt M A. Managing resources: linking unique resources, management and wealth creation in family firms [J]. Entrepreneurship Theory and Practice, 2003, 27 (4): 339-358.

[200] Slywotzky A J. Value migration [M]. Cambridge: Harvard Business Review Press, 1996.

[201] Sosna M, Trevinyo-Rodríguez R N, Velamuri S R. Business model innovation through trial-and-error learning: the Naturhouse case [J]. Long Range Planning, 2010, 43 (2): 383-407.

[202] Spanjer A, Witteloostuijn A V. The entrepreneur's experiential diversity and entrepreneurial performance [J]. Small Business Economics, 2017, 49 (1): 1-21.

[203] Suchman M. Managing legitimacy: strategic and institutional approaches [J]. Academy of Management Review, 1995, 20 (3): 571-610.

[204] Suddaby R. Editor's comments: construct clarity in theories of management and organization [J]. Academy of Management Journal, 2010, 35 (3): 346-357.

[205] Tankhiwale S. Exploring the interrelationship between Telco business model innovation and the change in business process architecture [J]. Journal of Telecommunications Management, 2009, 2 (2): 126-137.

[206] Teece D J. Business models, business strategy and innovation [J]. Long Range Planning, 2010, 43 (2): 172-194.

[207] Tikkanen H, Lamberg J A, Parvinen P, et al. Managerial cognition,

action and the business model of the firm [J]. Management Decision, 2005, 43 (6): 789-809.

[208] Timmers P. Business models for electronic markets [J]. Electronic Markets, 1998, 8 (2): 3-8.

[209] Toft-Kehler R, Wennberg K, Kim P H. Practice makes perfect: entrepreneurial-experience curves and venture performance [J]. Journal of Business Venturing, 2014, 29 (4): 453-470.

[210] Tversky A, Kahneman D. Judgment under uncertainty: heuristics and biases [J]. Science, 1974, 185 (4157): 1124-1131.

[211] Velu C, Jacob A. Business model innovation and owner-managers: the moderating role of competition [J]. R&D Management, 2016, 46 (3): 451-463.

[212] Velu C, Stiles P. Managing decision-making and cannibalization for parallel business models [J]. Long Range Planning, 2013, 46 (6): 443-458.

[213] Velu C. Business model innovation and third-party alliance on the survival of new firms [J]. Technovation, 2015, 35: 1-11.

[214] Visnjic I, Wiengarten F, Neely A. Only the brave: product innovation, service business model innovation, and their impact on performance [J]. Journal of Product Innovation Management, 2016, 33 (1): 36-52.

[215] Voronov M, Vince R. Integrating emotions into the analysis of institutional work [J]. Academy of Management Review, 2012, 37 (1): 58-81.

[216] Walsh J P. Managerial and organizational cognition: notes from a trip down memory lane [J]. Organization Science, 1995, 6 (3): 280-321.

[217] Weber K, Glynn M A. Making sense with institutions: context, thought and action in Karl Weick's theory [J]. Organization Studies, 2006, 27 (11): 1639-1660.

[218] Wei Z, Yang D, Sun B, et al. The fit between technological inno vation and business model design for firm growth: evidence from China [J]. R&D Management, 2014, 44 (3): 288-305.

[219] Weill P, Malone T W, Apel T G. The business models investors prefer [J]. MIT Sloan Management Review, 2011, 52 (4): 17-19.

[220] Wijen F, Ansari S. Overcoming inaction through collective institutional entrepreneurship: insights from regime theory [J]. Organization Studies, 2007, 28 (7): 1079-1100.

[221] Wirtz B W, Pistoia A, Ullrich S, et al. Business models: origin, development and future research perspectives [J]. Long Range Planning, 2016, 49 (1): 36-54.

[222] Wisniewski E J. When concepts combine [J]. Psychonomic Bulletin & Review, 1997, 4 (2): 167-183.

[223] Yi Y, Li Y, Hitt M A, et al. The influence of resource bundling on the speed of strategic change: moderating effects of relational capital [J]. Asia Pacific Journal of Management, 2016, 33 (2): 435-467.

[224] Zahra S A, Ireland R D, Hitt M A. International expansion by new venture firms: international diversity, mode of market entry, technological learning, and performance [J]. Academy of Management Journal, 2000, 43 (5): 925-950.

[225] Zott C, Amit R, Massa L. The business model: recent developments and future research [J]. Journal of Management, 2011, 37 (4): 1019-1042.

[226] Zott C, Amit R. Business model design and the performance of entrepreneurial firms [J]. Organization Science, 2007, 18 (2): 181-199.

[227] Zott C, Amit R. Business model design: an activity system perspective [J]. Long Range Planning, 2010, 43 (2): 216-226.

[228] Zott C, Amit R. The fit between product market strategy and business model: implications for firm performance [J]. Strategic Management Journal, 2008, 29 (1): 1-26.

致　谢

光阴荏苒，日月如梭，转眼间博士求学生涯就要画上句点。回首四年的南开时光，踏步西区的垂柳小路、聆听老师的认真教导、一张一张回家的车票、相互鼓励的同学情谊……桩桩件件的往事如同滋味甘醇的美酒，让人眷恋与不舍。这段艰辛但快乐的学术历程不仅带给我知识，也丰富了人生阅历，是值得我永远珍藏的宝贵人生财富，而这一切的取得都离不开师长的真诚关怀、家人的大力支持与朋友的热情鼓励。

感谢我的导师杨俊教授，他系统丰富的知识体系、严谨开放的治学态度、富有韧劲的工作风格、大度包容的生活理念，深深影响着我的学习与生活，鼓励我发展，鞭策我改进。在学习上，杨老师对于我的每一个研究设计、每一篇研究论文都尽心尽力地给予指导，不仅教给我理论知识与学术规范，而且更注重“授人以渔”，引导我思考。直至如今，我仍对在入学不久杨老师讲解的“从现象、理论、方法发现研究兴趣点”“高阶理论的逻辑脉络”“如何开展博士学习”等学术知识与思想印象深刻；对在咖啡传奇杨老师耐心给我指导论文，启发我突破研究思维局限的场景历历在目；对带着我参与两项国家自然科学基金重点课题申报及新三板编码工作，提供给我拔高机会心存感激。影响更为深远的是杨老师的一句句谆谆教诲，“开展研究前先想一想你为什么要做这个研究，意义在哪里”“好的研究就是简单的事情重复做”“研究过程不控制好，研究成果何来意义”“世上之事，就怕认真”……这些为人处事的准则，必将让我受益终身。在生活上，为了使我更好地静下心来投入到学习中，杨老师不仅提供宽松的时间安排与经济上的支持，更针对我生活与学业上出现的心理困扰给予开导与建议，这让我能够经营好学业与家庭之间的关系。在杨老师门下度过的博士生涯是幸运与快乐的，老师的鼓励、认可与批评都是对我更好发展的殷切期望，我当心存感恩，奋力前行。

感谢南开大学创业研究中心张玉利教授，张老师严谨细致、踏踏实实做研究的精神潜移默化地影响着团队每一个人，是一位让人敬仰的好老师。感谢创业研究中心各位年轻老师对我的指导与帮助：感谢田莉副教授在课堂上与团队例会上不厌其烦地为我们强调理论基础与理论贡献，并教给我们做 Reading Note 的科学方法，让我深刻认识到理论的力量；感谢牛芳副教授在申报重点课题时为我讲解子课题的研究模型，使我明白研究中要注意避免出现循环论证；感谢胡望斌教授、王晓文副教授、薛红志副院长在团队例会上对我的研究提出的中肯建议。

感谢我的硕士导师项国鹏教授为我打开学术殿堂之门，使我有幸来到南开大学商学院继续深造，并在读博期间不断给予鼓励。感谢南开大学商学院王迎军教授、崔连广老师、林伟鹏老师、李建标教授，以及弗吉尼亚大学达顿商学院 Saras Sarasvathy 教授等老师为我们精心准备的专业化课程。感谢云乐鑫博士、朱晓红博士、刘振博士、郝喜玲博士、刘依冉博士、张广琦博士、黄鹤、薛鸿博、何良兴、张咪、李艳妮、马文韬、牛梦茜、姜诗尧、焦康乐、谢巍等创业中心的同门，与你们一起奋战的日子很美好。感谢代海岩博士、张娜博士、冯永春博士、何一清博士、金振黎、魏海波、周文博、刘欢、李晓楠、王建平、苏福等同学陪伴我一起度过精彩的博士生活。

本书研究调研过程得到了众多创业者及朋友的大力支持，在此向他们表示诚挚的谢意。感谢山东省科学院袭著燕研究员，她不仅十分热情地帮我推荐调研企业，而且还处处开解与鼓励我做好博士研究、过好博士生活，让我倍感温暖。感谢启迪之星（菏泽）总经理曹萌、启迪之星（新泰）总经理曹成儒、启迪之星（新泰）总经理助理赵欣，帮我联系在孵企业并回收高质量的调查问卷。感谢山东文衡信息技术有限公司夏儆福总经理，极大地为我拓展了调研资源，使我能够顺利完成调研工作。感谢韩都衣舍智汇蓝海互联网品牌孵化基地张欢、微软济南金融科技企业孵化平台负责人刘兴、山东理工大学管理学院副院长孙秀梅、淄博海霞文化传播有限公司总经理张海霞、山东龙泉科技创业服务有限公司总经理孟祥玖等在调查问卷发放与回收过程中提供的大力支持。尤其感谢参与到调研中的创业者，对你们的勇气与激情满怀敬意，对你们的信任与支持由衷感谢。

最后要特别感谢我的家人，你们是我完成博士学业，不断追求进步的最强大的后盾与动力。

感恩永存心中，谢谢你们让我认识到学术的美，使我的生活更加丰富多彩！

迟考勋

2018 年 5 月 17 日于南开园